R

ESSAI
SUR LA SCIENCE
ET
SUR LA FOI
PHILOSOPHIQUE.

SOUS PRESSE.

A LA MÊME LIBRAIRIE.

Essais de Philosophie, de Politique et de Littérature, par M. Frédéric Ancillon, 4 vol. in-8°.

Cours d'Histoire des États européens depuis le bouleversement de l'empire romain d'Occident jusqu'en 1789, par Fr. Schœll, 30 vol. in-8°.

Voyages de MM. de Humboldt et Bonpland.

Relation historique, 7e liv.
Zoologie, 14e liv.
Graminées, liv. 15 à 20.

Voyage pittoresque dans l'ancienne France, par MM. Ch. Nodier, Taylor et de Cailleux.

Les provinces de Normandie et Franche-Comté ont paru.

SOUS PRESSE.

L'Auvergne. Livraison, 9 à 40.

Nouvelles Annales des Voyages, année 1830.

A. PIHAN-DELAFOREST,
IMPRIMEUR DE MONSIEUR LE DAUPHIN ET DE LA COUR DE CASSATION,
Rue des Noyers, n° 37.

ESSAI
SUR LA SCIENCE
ET
SUR LA FOI
PHILOSOPHIQUE.

PAR FRÉDÉRIC ANCILLON,

DE L'ACADÉMIE ROYALE DES SCIENCES DE BERLIN.

Δὸς μοι ποῦ ςῶ.
Donnez-moi un point d'appui.

PARIS,
LIBRAIRIE DE GIDE FILS,
AU BUREAU DES ANNALES DES VOYAGES,
RUE SAINT-MARC-FEYDEAU, N° 20.

1830.

ESSAI
SUR LA SCIENCE
ET
SUR LA FOI
PHILOSOPHIQUE.

I.

Dans tous les temps et chez tous les peuples de la terre, les philosophes sont partis des sentimens confus et des intentions peu distinctes que les objets extérieurs déposent en nous à notre insu, ou que ces objets réveillent, et qui sortent et s'élèvent en nous de l'intérieur de notre ame. Ils ont tâché de saisir ces faits avec clarté, de les énoncer avec précision, d'en avoir une conscience nette et profonde, et de la connaître d'une manière évidente.

Depuis le moment de sa naissance, l'homme a déposé dans les langues, sans s'en apercevoir, les faits primitifs qui dorment en lui, et qui s'y meuvent insensiblement. C'est ainsi que s'est formée, dans la profondeur de son être, la racine de la science. C'est ainsi qu'il a amassé, sans le savoir ni le vouloir, un trésor de faits, et que la base de ses recherches futures s'est cristallisée à son insu. Quand l'esprit philosophique s'empare de ces faits en apparence stériles, de cette espèce de raison morte, si je puis m'exprimer ainsi, il les convertit en les élaborant dans une raison active et vivante, à laquelle il rattache tout.

Toute l'histoire de la philosophie prouve deux choses. D'un côté, l'on n'a pas compris que tout doit y porter et y reposer finalement sur les existences; de l'autre, on n'a pas senti que pour les bien saisir, il fallait toujours en appeler et en revenir aux faits primitifs. Beaucoup d'esprits supérieurs sont restés dans les avenues de la science sans essayer de pénétrer dans le sanctuaire, et se sont plus occupés de la décoration du temple que de la solidité de ses fondemens. Au lieu de sonder les racines de l'arbre, ils ont cueilli ses fleurs et tout au plus savouré ses fruits. Plusieurs d'entre eux ont bien reconnu que la racine des sciences était le point essentiel, et que la réalité des existences devait sortir évidente et certaine de la nature et de la perception des êtres eux-mêmes. Convaincus que sans cette évidence toute la philosophie devenait un simple jeu de l'esprit, une supposition gratuite ou une possession usurpée, et ne pouvait devenir une propriété légitime, ils ont abordé le premier problème, le grand problème de la réalité avec toute l'ardeur qu'il mérite; mais la plupart ont fait fausse route. Les uns ont regardé les intentions sensibles comme la source unique de toute réalité, n'ont pas admis d'autres êtres que les êtres sensibles, et ont prétendu que la nature intime de ces êtres répondait parfaitement à leurs apparences. C'est ainsi qu'ils ont favorisé le matérialisme et l'ont en quelque sorte placé sur le trône. Les autres sont partis de notions abstraites, sans rechercher leur origine, et sans apprécier leur valeur réelle. Voulant distinguer et séparer la réalité de toutes les apparences, prétendant connaître et démontrer les existences dans toute leur pureté, ils ont méconnu la nature de la raison, et lui ont enlevé sa véritable base. Leur rationalisme, si éthéré, si subtil, si indépendant de toute expérience, et qui dans sa sublime spiritualité paraissait ne reposer que sur lui-même, n'était au fond qu'une combinaison ingénieuse de notions plus ou moins arbitraires et gratuites, plus ou moins vides de sens, qu'ils avaient eux-mêmes formées.

Ce défaut sera toujours commun à tous les systèmes de métaphysique. Ces systèmes ne sont jamais qu'une espèce de mathématiques des qualités des êtres, et des formes de l'entendement, comme les mathématiques, proprement dites, sont la métaphysique des quantités et des formes de l'espace. Dans l'un et l'autre on crée et l'on construit les êtres sur lesquels on opère, et l'on déduit ensuite d'eux tout ce qu'on a bien voulu prendre la peine d'y mettre. Méthode parfaitement appropriée aux mathématiques qui portent sur des êtres idéals; méthode fausse et dangereuse dans la philosophie, qui tend à saisir les êtres réels. La notion de l'essence devient selon cette méthode, pour la métaphysique rationnelle et systématique, ce que l'espace est pour la géométrie. Or l'espace dans lequel se meut la géométrie, et qu'elle étend ou limite à volonté, est un espace vide. Le géomètre y établit le point et la ligne, et en tire des conséquences innombrables. La notion de l'essence et de l'existence de laquelle part la métaphysique rationnelle est également une notion vide, dans laquelle on place ensuite à volonté des existences, qu'on prétend après coup avoir démontrées. Dans les mathématiques, des axiomes et des définitions sont la base de tout l'édifice; et ces définitions sont d'autant plus vraies que les êtres dont elles énoncent la nature et les caractères sont des êtres construits, et non des êtres donnés. Une philosophie qui suivrait la même marche pourrait prouver, dans son intérêt, une grande force d'intelligence, mais elle ne contiendrait rien de positif, et ne garantirait pas une seule existence. Ce serait une véritable toile d'araignée artistement faite, mais faible et sans consistance, tirée de la substance même de l'animal qui l'habite. Dans un ouvrage pareil, on ne peut et ne doit voir qu'un ouvrage de l'art. Sans contredit, l'auteur d'un travail pareil doit le comprendre et se comprendre lui-même; car, en sa qualité d'artiste, il doit savoir comment il s'y est pris pour le faire, quel était son but, et de quels élémens son ouvrage se compose; mais il n'en comprend pas mieux l'univers, et n'en saisit pas mieux les existences.

En confondant la logique avec la métaphysique, on n'a pas moins brouillé toutes les idées, qu'en confondant la métaphysique avec les mathématiques. La logique et la métaphysique n'ont rien de commun. La première ne traite que des formes de la pensée. C'est de la nature et de la réalité des objets de la pensée que l'autre s'occupe.

La logique est l'arithmétique de l'entendement. Prise en elle-même, elle serait encore vraie, quand il n'existerait pas d'êtres réels auxquels on pût l'appliquer.

Quelle que soit l'origine, quelle que soit la nature des sujets et des prédicats des propositions générales et des propositions particulières, des notions et des individus, il demeurera toujours vrai qu'on ne peut les unir, les lier, les séparer, que d'après certaines règles. La logique est la science de l'ensemble de ces règles.

Méconnaissant ou perdant de vue ces idées simples et premières, on a confondu la logique avec la métaphysique ; et ces deux sciences ont également souffert et perdu par ce mélange. Tantôt on a pris la logique pour la métaphysique. On connaissait parfaitement les premières conditions de la pensée, du jugement et du raisonnement, et l'on s'est imaginé qu'on possédait les êtres eux-mêmes. Tantôt la métaphysique a essayé de façonner la logique à son gré, conformément à son but, ses besoins et ses principes. Ces malheureux essais n'ont fait qu'altérer la nature de la logique, et que la faire participer à l'incertitude de la métaphysique.

Toute philosophie qui veut avoir un point d'appui et un point de départ fixes, doit partir de la nature de l'homme. C'est dans l'homme que se trouve le miroir des existences, ou le principe de la certitude des existences, ou les lois de l'existence. Les existences nous sont-elles données dans et par le monde extérieur? nous viennent-elles du dehors? Dans ce cas, nous ne pouvons les connaître que par le milieu de nos représentations, et en tant que les êtres se réfléchissent en nous. Les existences nous sont-elles révélées dans notre intérieur? les saisissons-nous au moyen et par l'acte de l'intuition intellectuelle? L'homme, ou plutôt l'ame humaine, devient alors le principe et la source unique de toutes nos connaissances, le point de départ de la science humaine. Les élémens, ou plutôt les apparences des êtres nous sont-elles transmises par les sens? les élaborons-nous par la réflexion? à la suite de ce travail subissent-elles de véritables métamorphoses? convertissons-nous ces données primitives en réalités, en leur appliquant des formes primitives et des principes régulateurs qui sont en nous? Dans ce cas encore, nous ne sortons pas de nous-mêmes; si nous admettons un monde visible, si nous croyons à un monde invisible, c'est toujours parce que nous le découvrons et l'apercevons en nous-mêmes, ou parce que nous sommes conduits à nous élever jusqu'à lui par des raisons prises dans notre propre nature. Tout en paraissant nous élever au-dessus de nous-mêmes, c'est en nous-mêmes que nous trouvons notre point d'appui. Quelque grande et vaste que soit la sphère que nous traçons autour de nous, c'est toujours sur nous-mêmes que nous appuyons une des branches du compas dont nous nous servons pour déterminer la circonférence du cercle.

La philosophie part donc de la nature humaine, comme elle s'adresse directement à la nature humaine, ou plutôt à l'humanité tout entière. C'est sur cette base que la philosophie élève son édifice; mais ce serait une erreur de croire que l'on puisse saisir la nature humaine dans toute sa merveilleuse richesse, dans toutes ses redoutables profondeurs, et jusque dans ses ramifications les plus délicates, en s'attachant uniquement aux traits sous lesquels cette nature s'annonce et se révèle dans les hommes ordinaires. Elle ne se montre à nous sous toutes ses faces et dans toute sa perfection, que chez ces hommes d'élite qui s'élevèrent au-dessus de la foule par une rare harmonie de l'intelligence, de l'ame et du caractère, et qui, sous tous les rapports, ont été l'ornement et la gloire de leur espèce. Dans la plupart des individus, elle ne paraît que comme une ébauche grossière ou une empreinte faible et manquée; elle ne s'épanouit dans toute sa magnificence, et ne se développe tout entière que dans les héros de la pensée, du sentiment et de la vie active. Ce qui se retrouve chez tous les hommes et leur est commun à tous, se rencontre aussi dans ces hommes d'élite; mais ce qui les caractérise est étranger à la masse. Les premiers nous révèlent la nature humaine bien mieux que ne le feraient des milliers d'hommes ordinaires. A la vérité, les hommes d'élite sont des exceptions à la règle ; mais comme ce ne sont pas des anomalies, ces exceptions doivent être ramenées à une règle plus élevée, et sont placées en effet sous une loi supérieure. On apprend bien mieux à connaître les principes et la nature de la vérité, les mystères de l'ame humaine et les profondeurs de l'existence dans les révélations et les fulgurations du génie, soit qu'il en ait la conscience, soit qu'il ne l'ait pas, que dans la masse des hommes. On dira, qu'en suivant cette route nous ne pouvons jamais arriver qu'à des idées individuelles et relatives, mais dans la marche et le caractère distinctif du génie comme dans la méditation de ses ouvrages, la grandeur de notre nature se manifeste tout entière, et il serait singulier que l'homme parvenu à son plus haut degré de développement, nous éclairât moins sur nous-mêmes que l'homme dans un état d'ébauche et d'imperfection. Les signes brillans et les rayons intellectuels de lumière, qui sont les lettres de créance du génie, n'ont-ils pas leur principe dans la nature humaine? N'y a-t-il pas un génie pour la vérité, un génie pour la vertu, comme il y a un génie du beau? Dieu est un grand artiste qui ne révèle les secrets de son art que dans les hommes d'élite.... C'est en eux que l'idéal de la nature humaine paraît dans tout son éclat. C'est là qu'il faut le chercher, comme on cherche l'idéal de la sculpture dans les ouvrages de Phidias, et non dans ceux des sculpteurs vulgaires.

Il en est de la vérité à cet égard, comme de la beauté des formes. Quoique la plupart des hommes soient bien éloignés de reproduire la beauté de la figure humaine, soit dans son ensemble, soit dans les détails, la beauté de la figure humaine n'en existe pas moins. Les élémens en sont répandus et disséminés partout, mais on ne la rencontre dans une entière et parfaite harmonie que chez un petit nombre d'hommes.

Il en est de même de l'amour de la vérité, de cette première condition de toute espèce de succès dans la recherche du vrai, et l'un des traits les plus admirables et les plus caractéristiques de la nature humaine. Le germe de ce noble amour se trouve chez tous les hommes, mais il y en a peu qui le possèdent au plus haut degré et dans toute sa perfection. Séparé de toute espèce d'alliage, cet amour est le désir de connaître ce qui existe, sans autre intérêt que celui de cette connaissance même, et indépendamment des résultats de la vérité. Dans le fait, cet amour se présente rarement sous cette forme. En travaillant à découvrir les vérités vers lesquelles nous portent des besoins toujours renaissans et des pressentimens secrets, on espère de goûter le plaisir de la découverte et surtout d'en avoir l'honneur. Pourrait-on chercher la vérité avec ardeur et l'aimer avec passion, lors même qu'elle ne s'offre encore à nous que dans l'éloignement et dans un jour douteux, si nous croyions qu'au bout de toutes nos recherches nous ne rencontrerons jamais que l'erreur ou l'incertitude ? Malgré les imperfections qui se mêlent toujours à l'amour de la vérité, il n'en a pas moins un caractère sacré, et l'on a raison de parler de la religion du vrai. Le sérieux de la réflexion, la droiture, la sincérité, sont des qualités inséparables de cet amour, et toutes ensemble sont des qualités morales. Il y a plus : un amour ardent pour la vérité, cet amour qui ne se contente pas d'apparences, et qui veut la réalité, qui ne s'arrête pas aux causes conditionnelles, mais qui tend à ce qui est absolu, immuable, éternel, infini, cet amour, dis-je, a des affinités naturelles avec l'être infini, qui est l'unique source de la lumière, et vers laquelle notre intelligence se dirige au milieu des ténèbres de la vie humaine.

Après ces considérations générales sur la philosophie, avant d'énoncer nos propres idées sur la science, il ne sera pas inutile de parcourir les différentes routes dans lesquelles sont entrés pour saisir la réalité des existences, les héros de la pensée, à qui l'on ne saurait refuser ni le génie philosophique, ni l'amour de la vérité.

Afin d'atteindre ce but, on est entré dans toutes les routes, on a essayé de tous les moyens. Quelque différens qu'ils aient été, ils ont eu, presque tous, ceci de commun, que la plupart des philosophes sont partis du raisonnement.

On ne peut en excepter qu'un seul qui soit entré dans un chemin nouveau.

Cet homme unique, c'est Platon. Il est le seul dans l'antiquité qui ait admis les existences et la réalité par une espèce d'instinct intellectuel, dont il respectait les arrêts par-dessus tout. C'était par les inspirations d'un enthousiasme qui ne ressemblait à aucun autre, qu'il saisissait le monde intellectuel.

Dans Platon, l'enthousiasme philosophique est le principe créateur. On pourrait définir l'enthousiasme, la puissance de l'ame au plus haut degré de son action. L'ame, dans le sens que je donne ici à ce mot, n'est pas la faculté de recevoir des sensations, ni même celle d'éprouver des sentimens; car les sentimens, comme les sensations, ne sont que des impressions d'objets donnés, des effets de certaines représentations, mais le pouvoir de saisir la présence des êtres, et de les saisir avec une force et une vivacité qui semblent plutôt les créer que les observer. Cet enthousiasme est un principe de réalité. Je fais sortir l'ame hors d'elle-même, et la force de placer dans le monde réel les objets qui sommeillaient dans son propre sein. Ces objets, ou ces êtres, se manifestent à elle avec une évidence irrésistible et une objectivité distincte.

Il faut distinguer cet enthousiasme créateur qui est le principe vital de l'ame, de celui que les objets sensibles excitent en nous. Le premier est la principale source de la vérité; le second, quelque précieux qu'il soit en lui-même, peut facilement conduire à un grand nombre d'erreurs.

Le coup d'œil de génie que Platon jette sur le monde invisible, la manière dont il le saisit, et sa conviction de la réalité des existences, sont les fruits d'un enthousiasme du premier genre. Aristote ne connaît pas ce principe de vie intellectuelle, et le confondant avec cet enthousiasme qui éblouit et qui peut égarer, il ne lui accorde aucune confiance. La philosophie de Platon est un principe de composition, et il procède toujours par synthèse. Au contraire, la philosophie d'Aristote est un principe de décomposition, et il procède toujours par voie d'analyse. La philosophie de Platon émane de sa raison, comme active et supérieure à toutes les autres, qui dans ses inspirations tient de l'imagination créatrice. La philosophie d'Aristote est un produit net de l'entendement, et porte son empreinte et son sceau. Des abstractions ne parlent au fond, ni à l'imagination ni à la raison. Platon convertit les notions en substances, tandis que l'entendement métamorphose volontiers les substances en notions. C'est dans ce dernier défaut qu'Aristote est tombé. Platon est parti des existences. Aristote, ne les prenant pas pour point de départ, ne pouvait jamais arriver jusqu'à elles. Sur le tout, il s'est beaucoup plus occupé de la forme que de la matière de nos représentations, et aussi souvent qu'il a essayé de saisir les existences, il a eu recours à l'abstraction et à la réflexion.

On sait que la thèse fondamentale de sa philosophie était qu'il n'y a rien dans l'entendement qui n'ait été donné par les sens, rien que nous ne devions aux sensations. Avec un pareil principe, il était à peu près impossible de saisir les existences. Il l'était d'autant plus que le philosophe de Stagyre n'a jamais fait leur part nette et distincte aux sens et à l'entendement, et qu'il ne s'est jamais élevé au-dessus de cette dernière faculté de l'ame. Il avait beau décomposer, recomposer, élaborer, épurer, volatiliser la matière première des intuitions et des sensations, il pouvait bien créer de cette manière une espèce de chimie intellectuelle, et la perfectionner même de plus en plus ; jamais il n'aurait pu arriver par cette route aux mystères de la nature de l'univers, et de l'essence de l'homme. On unissait et séparait sous toutes sortes de formes et par toutes sortes de moyens, dans cette philosophie, les faits qui sont donnés à l'homme, sans se demander de quelle nature étaient ces données, et, en général, s'il nous était donné quelque chose de certain. Par cette voie on ne pouvait jamais être sûr d'être arrivé aux premiers élémens, bien moins encore savoir ce que ces élémens recélaient de vérité absolue. Il eût sans doute été plus juste et plus vrai de dire : tout ce qui se trouve dans l'intelligence lui a été donné par les sens, tout, excepté la raison, et ce qui lui est inhérent ou bien émane d'elle. Si Aristote était entré dans cette route, il aurait peut-être trouvé qu'il y a dans l'intérieur de l'ame quelque chose de plus certain et de plus évident que les intuitions des sens, et les idées que l'entendement élabore, ou plutôt il en serait venu à reconnaître que les existences se trouvent dans le sens interne tout comme dans le sens extérieur, et qu'on les rencontre au fond de tout ce qui nous est donné.

L'enthousiasme de Platon était de nature à lui tenir lieu, ou à le consoler de tout, et devait être pour lui un principe de bonheur. Tous les besoins qui enlèvent l'homme à cet enthousiasme, et l'arrachent à ce ravissement intérieur, devaient être aux yeux de Platon les ennemis de ses jouissances les plus pures. Tous les plaisirs qui naissent de ces besoins, toutes les relations qui s'y rapportent, devaient lui être indifférens. Son état habituel était un état de contemplation qui unissait son ame à Dieu, et qui lui fournissait les moyens de se perdre et de s'abîmer dans l'infini. Qu'y a-t-il en effet de plus ravissant qu'un état pareil, dans lequel toutes les limites s'évanouissent en quelque sorte, et où tous les liens qui attachent l'homme au monde matériel se rompent sans efforts? De là l'indifférence de Platon pour la vie, ou plutôt son mépris pour la mort. Elle n'était pour lui qu'un point de passage à une vie plus belle, plus pure, plus complète.

On a souvent accusé cette doctrine d'exaltation. Si l'on veut réprouver et marquer de ce nom le mépris de tous les avantages matériels autour desquels tourne la vie de la plupart des hommes, et qui les attirent avec une force presque irrésistible ; si l'on veut appeler exaltation l'élan de l'ame vers le monde intellectuel et invisible, une sorte d'inspiration ou d'extase qui n'admet que des pensées élevées, qui nous donne au plus haut degré le sentiment de notre liberté intérieure, et ce calme inséparable d'une haute activité, qui enlève l'homme à lui-même et à tous les objets sensibles, veut-on, dis-je, nommer exaltation tous ces brillans phénomènes du sens interne, on en est bien le maître ; mais dans ce cas, l'exaltation cesse d'être une maladie, et devient le signe et la preuve de la plus haute santé de l'ame.

Dans le fait, l'état que nous venons de décrire ne ressemble nullement à l'exaltation, bien moins encore au fanatisme. Le fanatisme proprement dit a deux caractères distinctifs qu'il est facile de saisir, et difficile de confondre avec d'autres. L'un est de vouloir pénétrer dans les mystères du monde invisible, et de prétendre pouvoir agir sur lui par des moyens fantastiques; l'autre, de croire qu'il existe quelque chose de plus saint et de plus sacré que le devoir, qui puisse et doive même quelquefois nous en affranchir. L'un dérive aussi peu que l'autre de la doctrine de Platon. Ce philosophe ne recommande pas à ses disciples une vie contemplative, mais il leur prouve la nécessité de la contemplation. La contemplation est à la fois une jouissance et un devoir; mais Platon ne voit en elle qu'un élément de la vie, très compatible avec une existence active. Elles ont besoin l'une de l'autre, et ce n'est que par leur union qu'elles font de l'homme un tout achevé et complet. Sans la contemplation, la vie active manquerait de lumière, de direction et d'un but fixe. Sans la vie active, la contemplation, les principes, deviendraient stériles, et la règle manquerait d'application.

Fidèle à l'école de Socrate, dont il était le disciple, Platon ne pouvait pas entièrement séparer la science de la pratique, et la contemplation de l'activité. Il plaçait le but de la philosophie dans le perfectionnement de l'homme tout entier, et ce perfectionnement consistait, selon lui, à faire des progrès continuels dans la connaissance de la vérité et dans l'exercice de la vertu.

Mais quelque nombreux que soient les points de contact de la philosophie théorique et de la pratique, il n'est pas moins vrai que la philosophie, comme principe de la science, comme science des existences, est distincte de la pratique, et qu'elle gagne quelquefois à être considérée en elle-même, abstraction faite de son influence sur le cœur et sur les actions.

La pureté, l'élévation, la force des sentimens, la rectitude des actions, tiennent à une multitude de causes différentes, et ne dépendent qu'indirectement de la science générale des êtres. La vie pratique suppose sans doute la connaissance des lois morales, comme celle du but universel et nécessaire des actions humaines, et de la destination de l'humanité; mais ces connaissances ne sont qu'une bien petite partie de la science générale. On peut agir avec justice sans avoir d'autres connaissances que celle de la justice même ; on peut posséder la science, et marquer sa vie par des injustices.

La science est au fond toujours théorique, comme l'art est pratique. La première connaît, la seconde produit. Entre toutes les sciences, la philosophie surtout est éminemment théorique. Sans doute, toute action suppose une pensée, et toute pensée peut conduire à une action ; mais les actions n'appartiennent pourtant à la philosophie, qu'en tant qu'elles sont les conséquences des principes ou qu'elles doivent l'être. Dans le sens le plus général, la philosophie est la science des principes et des existences.

Non-seulement la philosophie de Platon naissait d'un besoin de son ame, mais encore d'une faculté qui lui était propre : savoir, d'une sorte d'enthousiasme qui lui faisait saisir les objets avec autant de force et de vivacité que s'il les produisait, et les lui faisait projeter hors de lui. Sous ce rapport, sa philosophie porte sans doute son sceau individuel, et elle est à cet égard une philosophie purement relative. Mais serait-ce une raison valable pour lui refuser de la confiance? Toutes les philosophies n'ont-elles pas plus ou moins ce caractère, et ne portent-elles pas plus ou moins l'empreinte de leurs auteurs? Le principe moteur de toutes les recherches, le but et l'objet de la pensée, la marche et les procédés que l'on suit dans l'étude d'une science, ne sont-ils pas toujours les résultats du caractère individuel de chaque philosophe? Soit qu'il s'intéresse à la liberté en général, soit qu'il prenne un intérêt de préférence à certaines vérités dont il a le pressentiment, toujours est-ce un intérêt intellectuel qui l'anime, qui l'encourage dans son travail, et qui lui fait entreprendre de nouveaux ouvrages? Qu'il parte, dans ses travaux philosophiques, du monde extérieur ou des faits du sens interne, des sensations ou des sentimens, des notions ou des principes, de l'intuition intellectuelle ou de la réflexion, toujours part-il de lui-même, de son ame, de ce qui y a été originairement déposé, ou de ce qui se réfléchit en elle, de ce qu'il reçoit du dehors ou de ce qu'il produit; qu'il ait une sorte de prédilection pour tel ou tel moyen de parvenir à la vérité; que cette prédilection porte sur les preuves directes que nous fournissent le sentiment et l'intuition, ou sur les preuves indirectes du raisonnement, toujours demeure-t-il vrai que chaque philosophe applique et emploie ces moyens comme il convient au genre de son esprit.

C'est dans les profondeurs de son être que Platon trouve tout ce qu'il lui faut pour l'objet de ses recherches ; l'instrument et la méthode, la forme et la matière ; tous les élémens qu'il composera ou décomposera relativement à son but. Il serait donc difficile de concevoir comment on pourrait accuser la philosophie de Platon, plutôt que toute autre, d'être relative et individuelle. Aux yeux de tout véritable philosophe, l'essentiel sera toujours de distinguer et de séparer ce qui, dans la totalité de ses sentimens et de ses pensées, lui est purement personnel, de ce qui se rencontre dans toutes les ames humaines, et leur est commun à toutes. Ce qu'il y a de plus important et de plus difficile sera toujours de tracer une ligne de démarcation nette et tranchante entre ce qui est purement subjectif et ce qui est objectif, ce qui nous est donné, indépendamment de notre manière de voir, en un mot, entre les sensations et les intuitions.

Depuis Platon et Aristote jusqu'aux scolastiques, on ne voit plus dans les domaines de la philosophie qu'une lumière réfléchie de l'un à l'autre, ou une lumière réfractée par différens milieux qui la modifient, et l'on ne trouve plus de système neuf et original. Selon les différences individuelles des esprits qui empruntent ou reçoivent la lumière des philosophes anciens, tantôt elle paraît pure dans leurs ouvrages ; tantôt mêlée à des élémens étrangers. A cette époque, toute la philosophie se réduit à peu de chose en fait de résultats ; elle n'est presque qu'un abus de la logique et de l'ontologie, poussé au plus haut degré ; un jeu continuel de formes et de notions que l'on séparait, unissait, décomposait et recomposait, disséquait et rejoignait de toutes les manières possibles ; un jeu qui pouvait faire preuve de pénétration, de sagacité, de persévérance, mais qui ne menait à rien. On a joué ce jeu pendant des siècles, et l'on pourrait le jouer encore plus long-temps sans faire un pas vers la vérité. L'analyse des formes ne pouvait pas nous donner la matière, ni répandre du jour sur l'objet de nos représentations. Les notions ne pouvaient pas nous éclairer sur leur origine et leur nature, encore bien moins nous donner et nous garantir les existences.

Descartes vit les défauts, ou plutôt reconnut toute la nullité de la philosophie scolastique, et partit de l'idée de ne rien admettre à moins d'y être en quelque sorte forcé par l'évidence. Il rendit à la philosophie un service signalé en plaçant son point d'appui dans le *moi*, ou dans la conscience de nous-mêmes. Il la prit pour base, et partit d'elle comme du principe de toute vérité; mais il commit la faute capitale de vouloir démontrer l'existence par le moi, tandis que la conviction de l'existence et le sentiment du moi sont une seule et même chose. Dans la conscience de nous-mêmes se trouve non-seulement notre propre existence, mais encore celle de l'univers, comme antithèse de la nôtre. Ces deux existences ne sont pas données l'une par l'autre, mais l'une avec l'autre, et elles sont indissolublement liées.

Locke revint au système d'Aristote. Il traite l'ame comme une table rase, et regarde comme un fait incontestable que tout lui arrive du dehors. Selon lui la vérité ne peut se trouver que dans les intuitions sensibles, élaborées par la réflexion. Dans ce système, rien n'est donné primitivement à l'ame, pas même l'ame. Cependant, comme l'ame est une force, il faut bien qu'elle ait des facultés déterminées, des tendances propres et particulières. Ce principe si simple et si indubitable aurait dû suffire pour faire abandonner à Locke sa table rase. Les intuitions innées ne lui auraient pas paru si absurdes et si contradictoires, s'il y avait vu ce qu'il devait y voir, des aperceptions intellectuelles des existences, des révélations immédiates de la raison ; mais qui ne se manifestent qu'à l'époque où l'homme est arrivé à un certain degré de développement.

Au contraire, Leibnitz admit des vérités nécessaires et universelles, vérités qui, selon lui, sont innées à l'ame, mais qui ne paraissent et ne se montrent qu'à l'occasion des impressions sensibles. Ces vérités étaient pour lui des vérités objectives qui répondent aux existences et aux réalités, ou qui nous fournissent les moyens d'y arriver. Mais Leibnitz ne fit jamais l'énumération ni l'inventaire de ces vérités, et ne les énonça même jamais clairement. Son erreur fut de méconnaître leur nature et de faire sans cesse de nouveaux essais pour les démontrer. Il ne paraît pas même avoir soupçonné qu'elles cesseraient d'être ce qu'elles sont, si elles avaient besoin d'une démonstration quelconque.

Kant ne nia pas la réalité des existences, mais d'après lui, elles n'étaient pour l'homme qu'une grandeur inconnue et devaient rester telles. Dans l'économie présente, la seule existence réelle, absolue, universelle, qu'il crut saisir et connaître, sans pouvoir toutefois la comprendre, était celle de la loi morale. Elle lui ouvrait une échappée de vue ou une perspective dans le monde invisible ; elle le conduisit à reconnaître et à admettre, sous le rapport pratique et moral, tout ce qu'il avait nié et rejeté dans la spéculation. C'est ainsi qu'il proclamait toutes les vérités qui ont toujours été regardées comme la base et le couronnement du monde invisible, qui ont été de tout temps et qui seront toujours l'objet des vœux et des espérances de l'homme : savoir, un Dieu-personne, la liberté et l'immortalité de l'ame.

. . . .

Mais cette loi morale qui lui a rendu d si grands services, il n'avait pu la saisir que par une intuition immédiate de la raison. En approfondissant davantage cette matière, il aurait peut-être trouvé qu'une intuition du même genre lui donnait aussi Dieu, la liberté et l'immortalité, et ne les lui donnait pas comme autant de postulats de l'ordre moral de l'univers, mais comme autant d'existences aussi certaines que la morale elle-même. . . . .

. . . .

Kant a nié, sous le rapport théorique, toutes les vérités qu'il a admises plus tard dans le sens pratique. Il leur refusait toute certitude en théorie, parce qu'il était impossible à ses yeux de les démontrer; mais tout en les niant sous ce point de vue, il les admettait et les affirmait comme objets de la foi, d'une foi qui naissait d'une nécessité intérieure et irrésistible. La critique n'a proprement pas d'autre but que de prouver, qu'on ne peut pas prouver les existences, ni par conséquent la réalité. Quand l'intérêt de la loi morale lui fit admettre les existences, qu'il avait rejetées ou déclaré ne pouvoir atteindre en théorie, il ne les adopta que comme des suppositions que les besoins de l'ordre moral lui inspiraient et lui imposaient en quelque sorte. De cette manière, elles ne pouvaient avoir qu'une réalité subjective, et remplissaient provisoirement une lacune du système. Au lieu de partir des besoins de l'ordre moral, Kant aurait dû partir d'une intuition immédiate de l'ame, qui imprime à tout ce qu'elle nous révèle le sceau de la vérité objective ; il aurait dû parler d'existences et non d'idées. Kant avait raison dans tout ce qu'il a dit de l'impossibilité où nous sommes de démontrer certaines vérités, mais il a eu tort d'en conclure que nous ne pouvions pas les connaître avec certitude ; et plus tort encore dans la manière dont il a établi ces vérités, en quelque sorte forcément et malgré lui. Un sentiment intérieur, plus fort et plus puissant que sa subtile dialectique et son ingénieuse critique, l'entraînait à son insu, et le contraignit à sauver du naufrage universel de la métaphysique, Dieu, la liberté et l'immortalité. Il s'est trompé sur la nature de ce sentiment, dans lequel il aurait dû apercevoir, non un besoin intellectuel et moral, mais une connaissance immédiate; non une supposition et un postulat, mais un fait; non un effet de l'intérêt involontaire et ineffaçable que certaines vérités nous inspirent, mais un moyen de les connaître et un principe de science.

Au mépris de la critique de la raison pure, Fichte en revint à la voie de la démonstration comme au seul moyen de donner à la science des fondemens solides. En prenant pour base de sa philosophie le moi, considéré dans sa généralité, le moi transcendental, il transforma le moi réel, le moi individuel, tel qu'il forme notre conscience à tous, dans un principe sans consistance et sans réalité. En essayant de distinguer et de séparer le moi de tout ce qui le remplit, le forme, le constitue, il y produisit un vide complet et en fit une simple notion. Dès ce moment, il ne pouvait plus servir de base à la philosophie. Le moi consiste dans la conscience de l'unité de l'ame au milieu de l'immense variété de toutes les représentations et de tous les sentimens qui se succèdent en lui, dans la conscience de la différence immense qu'il y a entre l'unité et tout ce qui n'est pas elle. Fait-on disparaître dans le moi la variété des phénomènes et l'antithèse du non moi, le moi lui-même se volatilise et s'évanouit.

Dans les développemens ultérieurs de la philosophie, Fichte substitua l'ordre moral de l'univers à un Dieu-personne; mais l'ordre moral de l'univers suppose l'existence d'un Dieu-personne, ou devient lui-même un tissu d'idées contradictoires. On ne peut pas même saisir cette idée, ou plutôt cette abstraction, dès qu'on n'admet pas une intelligence libre et souveraine qui gouverne l'univers. Sans l'existence d'un être pareil, bien loin de pouvoir se convaincre de la nécessité de l'ordre moral de l'univers, on ne peut pas même le concevoir. A l'exemple d'Ixion, Fichte a embrassé une nuée au lieu de la reine des cieux.

Sans doute le système de Kant a pu conduire à cette fausse doctrine; mais il y a cependant une grande différence entre ce système et celui qui, par une singularité assez remarquable, est sorti de son sein.

L'existence de la loi morale fut pour Kant un signe certain et presque céleste de l'existence de l'ordre du monde moral, ou du moins un gage de sa nécessité. Il admet un Dieu-personne, la liberté, l'immortalité, comme autant de bases de cet ordre moral. La loi, telle que la liberté la proclame, lui parut supposer un législateur. Le législateur de la liberté devait être lui-même saint et juste, et par conséquent devoir mettre en harmonie la liberté et le bonheur. Fichte essaya d'appuyer l'ordre moral uniquement sur la liberté. La liberté et la loi qu'elle se donne à elle-même étaient, selon lui, les deux élémens de l'ordre moral. Dans ce système, le moi joue non-seulement le premier rôle, mais il est tout. La liberté devient un principe créateur. Ce principe enfante la loi. Toutes ces propositions sont énoncées et admises d'une manière arbitraire. Mais quand elles ne le seraient pas, encore ne pourrait on jamais sortir d'elles, ni s'élever au-dessus d'elles, pour admettre quelque autre réalité.

Il n'y a point d'ordre moral sans un législateur et sans immortalité. Or, d'où viendrait le législateur, et pourquoi l'admettrait-on dans un ordre de choses où la loi est la création de la liberté? Comment parler de l'ordre moral, là où il n'y a pas de nature, ni par conséquent d'ordre de la nature, et où il ne peut pas être question de mettre ce dernier en harmonie avec l'ordre moral?

Schelling alla encore plus loin que Fichte. Il nia l'existence d'un Dieu-personne; il nia l'ordre moral, sans admettre proprement un ordre de la nature. A la place de l'un et de l'autre, il mit la nature elle-même : puissance mystérieuse qui les enfante tous deux, comme deux phénomènes, et non comme êtres réels ; les produit l'un par l'autre, et finit par les dévorer et les anéantir également. Le sujet et l'objet, le moi et le non moi, l'ame et le monde, exercent l'un sur l'autre une action réciproque, par laquelle ils se détruisent l'un l'autre. C'est le combat des frères ennemis qui se termine par la mort d'Étéocle et de Polynice. Aucune existence positive n'échappe et ne peut échapper à ce naufrage universel. Tout s'abîme dans une existence absolue, éternelle, inconnue, dans une existence qui n'a de nom dans aucune langue, à laquelle ne répond aucune notion, ni même aucune image, et qu'on a eu raison d'appeler le rien absolu.

Les différences qu'offrent les systèmes

de philosophie ne sont ni aussi grandes et aussi réelles, ni aussi importantes qu'on le croit communément. Ils doivent se rencontrer tous, et se rencontrent en effet tous dans le fait de l'existence et dans la conscience que nous en avons. Ce sont les racines communes de toutes les vérités, que toutes les philosophies du monde ne peuvent ni affaiblir et ébranler, ni rendre plus fermes, plus fortes, et plus solides qu'elles ne le sont par elles-mêmes. Les philosophies diverses se contentent d'énoncer ces vérités premières dans leur intégrité; elles le font avec plus ou moins de succès, et elles dérivent de ces principes de toute science avec plus ou moins d'évidence, d'autres vérités. Quand les doctrines ne se rencontrent pas dans ce point central, elles n'ont aucun fondement solide, reposent sur une base chimérique, et partent de suppositions arbitraires. Mais de ce point central on peut tirer différentes lignes, dont les directions s'éloignent l'une de l'autre. De là, les différens systèmes. Lors même que les philosophes suivent la même ligne, ils peuvent avoir des vues différentes de l'univers; car l'un conduit et poursuit sa ligne beaucoup plus loin que l'autre. Mais il faut que tous partent d'un même point, et puisent leurs idées premières dans la même source, sous peine de tourner sur eux-mêmes, sans arriver au but, ou de retomber dans le néant.

On peut donc entrer successivement dans tous les systèmes, en tant que ces systèmes ne se rapportent qu'à des objets qui sont du ressort de la démonstration; on peut les épouser tous l'un après l'autre pour le moment, afin de les mieux juger, en ne les considérant que comme autant d'hypothèses et de modes de solution du même problème. Un esprit philosophique, pour peu qu'il ait de la souplesse et de l'élasticité, doit pouvoir se placer dans tous les points de vue différens, et s'orienter dans toutes les sphères de la pensée, afin d'apprendre à connaître de quelle manière les objets s'y présentent ; mais on ne doit jamais se jouer des faits de l'existence, ni les perdre de vue ou essayer de s'en passer, car tout part d'eux et retourne à eux. A cet égard, une prétendue tolérance générale en fait d'opinions serait non-seulement déplacée, mais dangereuse ; car elle ne serait qu'une indifférence profonde pour toute espèce de vérités. Il ne s'agit pas ici d'opinions, mais de principes et de faits primitifs. Dans tout ce qui est affaire d'opinion et de goût, on peut et l'on doit être tolérant; car une uniformité entière et une parfaite harmonie d'idées seraient impossibles. Quand l'amour-propre ou une certaine vivacité d'esprit et de caractère rendent intolérant dans les matières de ce genre, il faut du moins, sous peine d'inconséquence, convenir que tout le monde a le même droit que nous. Dès ce moment, l'intolérance se détruit elle-même et devient une absurdité.

Il en est tout autrement, quand il s'agit de la vérité des principes et de la certitude des existences. Cette vérité doit se trouver hors des systèmes, au-delà et au-dessus d'eux; elle doit être indépendante de toutes les combinaisons de ce genre. S'il en était autrement, il ne pourrait pas y avoir de vérité dans un système quelconque. En effet, tout système doit avoir un point de départ et un point d'appui. Ils ne peuvent pas les trouver en eux-mêmes, mais il faut qu'ils les reçoivent du dehors. Ce point d'appui doit être donné aux philosophes, autrement ils seraient arrêtés dès le premier pas, ils ne pourraient pas avancer, et l'édifice qu'ils veulent élever, manquant de fondement, se réduirait en poussière au moindre choc.

II.

FOI PHILOSOPHIQUE.

L'origine, la nature, la destination de l'homme, tels sont les objets du problème primitif, le but de la science et de toute investigation scientifique, de la foi et de l'espérance.

Ces problèmes sont aussi anciens que le genre humain, et datent du premier réveil de la conscience et de la raison. Toutes les religions et toutes les philosophies sont autant de solutions de ces problèmes. Les religions sont des solutions permanentes, fixes, stéréotypes, de ces questions primitives. Elles reposent sur l'autorité ou sur la force. L'une et l'autre servent à les propager et à les maintenir. Les systèmes philosophiques sont des combinaisons variables et mobiles de l'esprit humain, que la liberté enfante, et que la liberté rejette ou accepte.

Toutes les religions du monde, à l'exception de la religion chrétienne, sont le produit d'une certaine contrée, d'un certain peuple, d'un temps déterminé, ou la création d'un homme de génie et de caractère.

Dans le premier cas, les religions se font en quelque sorte elles-mêmes, et jettent des racines profondes, parce qu'elles sont l'expression d'un besoin général, auquel elles répondent et satisfont. Dans le second cas, elles doivent leur origine, leur fondement et leur propagation aux qualités personnelles de leur fondateur. Mais sa doctrine ne fait fortune qu'autant qu'elle est fondée sur la nature de l'homme, et qu'elle se trouve calculée sur les évènemens et sur les circonstances particulières d'un pays ou d'un peuple. Les antiques religions de l'Égypte et de l'Inde appartiennent à la première classe; la religion mahométane appartient à la seconde.

On peut dire la même chose des systèmes de philosophie. Un système de ce genre est un bien national, ou entièrement étranger à la nation au sein de laquelle il a pris naissance.

Dans le premier cas, une philosophie quelconque est le résultat général et l'expression fidèle d'un état donné des mœurs, des coutumes et des opinions. Elle n'est alors que cet état même avec ses besoins, ses vertus, ses vices, ses idées dominantes, mais un peu idéalisé. Une philosophie qui sort et s'élève ainsi du sein d'une nation, fait chez elle, dans la règle, une fortune extraordinaire. Comme elle est en quelque sorte l'expression générale des principes, des sentimens et des actions qui dominent chez un peuple, elle lui convient éminemment, et s'applique aussi, comme d'elle-même, à toute son existence.

La philosophie française du dix-huitième siècle qui précéda, inspira et suivit l'école des encyclopédistes, était une philosophie de ce genre. On a voulu expliquer par elle les évènemens de la révolution, et on a cru trouver en elle la source et le principe de tous les crimes qui ont effrayé et soulevé le monde d'horreur et d'indignation à la fin du dernier siècle. Mais cette philosophie était en grande partie née elle-même de la corruption d'une société qui se mettait au-dessus de tous les principes, et qui se trouvait dans une véritable dissolution morale. Fille du vice et de l'erreur, elle devint à son tour la mère de doctrines plus funestes, et de crimes plus révoltans encore que le désordre et le vertige qui lui avaient donné le jour.

Plus souvent un système de philosophie ne porte d'autre empreinte que celle du génie original et hardi qui l'a enfanté dans le silence de la retraite, et dans un entier isolement du monde. Un génie pareil reçoit son sceau de la nature, et sa direction des circonstances. Si l'on ne connaissait pas d'ailleurs son histoire, on ne devinerait pas par ses ouvrages où il est né, ni où il a vécu. Sa nation n'a point eu d'influence sur lui. Par son genre de vie, ses mœurs et son existence solitaire, il lui était étranger, et n'a presque pas eu avec elle de point de contact. C'est ce qui arrive surtout, quand il se sert d'un idiome étranger, ou qu'il écrit et pense dans une langue morte, et qu'il perd par là même ce caractère national qui tient principalement à la langue, et qu'elle donne à toutes les idées, quand elle les revêt des termes et des tournures qui lui sont particuliers. Quel lecteur de Spinosa se rappelle, en lisant ses écrits, qu'il était Hollandais, et qu'il a passé sa vie en Hollande ?

Quelque variés, divergens, et même contradictoires que soient la marche, l'esprit, les principes et les résultats des différens systèmes de philosophie, ils partent tous du même problème, qu'il s'agit de résoudre, et tendent tous au même but.

Le principe qui sert de base à la science, l'idée directrice qui détermine son objet et lui donne un mouvement progressif, sont toujours les mêmes. La science s'occupe de ce qui est. Elle ne se contente pas de ce qui est relatif ; elle tend à l'absolu ; tout ce qui est relatif ne peut avoir pour elle de consistance, de vérité, de prix, qu'autant qu'il se rapporte à l'absolu, ou qu'il dérive de lui.

Il y a des êtres, des êtres réels, auxquels nos représentations doivent répondre, pour ne pas être dénuées de réalité. Tant que cette harmonie n'est pas bien établie et bien constatée, la vérité n'est qu'un mot vide de sens, et n'a rien de commun avec la réalité, ou du moins ne lui est pas identique comme elle doit l'être. Ne peut-on pas arriver à cette harmonie ou à cette identité des êtres et des représentations, il faut renoncer à la vérité dans le sens strict du mot. Tout ce qu'on appelle la science humaine n'est plus alors qu'un jeu plus ou moins ingénieux de représentations relatives ou subjectives.

La vérité, qui doit fidèlement correspondre à ce qui existe, ne peut donc consister que dans l'expression complète et parfaite de la réalité. Ce fait est si généralement reconnu, et d'une évidence tellement irrésistible ; il est si profondément enraciné dans la nature humaine, qu'il a fallu toutes les subtilités de la philosophie pour l'obscurcir, ou le faire révoquer en doute.

Il existe donc dans les êtres une vérité absolue, ou plutôt les êtres sont ce qu'ils sont ; ils sont vrais en eux-mêmes, et resteraient tels, quand ils ne seraient ni aperçus ni représentés. Ne veut-on voir la vérité que dans les intelligences, elle ne peut être, sous ce point de vue, que l'intuition de ce qui existe, et la conviction de la vérité absolue.

Ainsi finalement on en revient à l'ancienne définition de la vérité, qui avait été décréditée en dernier lieu. La vérité consiste dans la conformité de nos intuitions ou de nos représentations avec l'existence, ou dans l'identité de l'existence et de l'intuition.

On ne peut donc pas rencontrer et trouver la vérité en construisant les êtres avec toute liberté et d'une manière arbitraire, comme le géomètre construit les formes de l'espace. Au moyen de constructions de ce genre, je ne sais ce qu'on obtient ni où l'on arrive, mais à coup sûr ce n'est pas aux existences.

Les existences, ou les êtres dans le sens strict des mots, nous sont donnés. Nous les apercevons par une intuition intérieure et intellectuelle qui, pour la clarté comme pour la certitude, est aussi générale qu'évidente, aussi indubitable qu'universellement reconnue.

S'il n'y avait pas de pareilles intuitions intérieures, immédiates, intellectuelles, il n'y aurait pour nous ni existence ni réalité. Tout se résoudrait en vaines apparences. Tous les êtres ne seraient que des phénomènes qui apparaîtraient à un autre phénomène appelé l'homme, sans qu'il fût possible de répondre à une question qui s'élèverait toujours de nouveau, savoir que ce qui apparaît, qu'est-ce? à quoi ou à qui apparaît-il? La langue même se refuse ou s'oppose à des assertions pareilles et les taxe de mensonges.

S'il n'y avait pas d'intuitions de ce genre, intérieures, intellectuelles, immédiates, nous ne pourrions parvenir aux existences par aucune autre route. Ni l'abstraction, ni la réflexion, ni la synthèse, ni l'analyse, ni les notions, ni les raisonnemens, ne pourraient nous conduire à la réalité, et nous frayer un chemin aux êtres réels.

Ce ne sera pas l'abstraction qui produira ce miracle, en séparant ce qui est réel, durable, permanent, de ce qui est phénoménique, passager, éphémère. Avec quel instrument pourrions-nous entreprendre une opération aussi difficile? Par quel procédé délicat pourrions-nous la faire réussir? ou plutôt quel moyen aurions-nous de distinguer et d'isoler la réalité des phénomènes, si la réalité ne nous avait pas été donnée d'une autre manière? Quand même nous pourrions séparer avec certitude, de la masse de nos représentations, tout ce qui n'est que pure apparence, on pourrait toujours encore demander comment acquerrons-nous la conviction que ce qui nous restera après un pareil triage ne soit pas aussi une simple apparence d'un genre plus élevé, plus éthéré, plus subtil? Il n'y a qu'un acte d'intuition intérieure et intellectuelle, une vue rapide et sûre, se manifestant à nous comme une espèce d'instinct, qui puisse nous donner cette conviction.

La réflexion nous mènera tout aussi peu aux existences. Son office se borne à comparer tout ce qui lui est donné, les élémens des êtres entre eux, le moi de l'ame avec ce qui n'est pas le moi, les représentations entre elles, ou avec les sentimens et les objets. Elle compare, par conséquent, elle distingue et sépare tout ce qui peut être distingué et séparé l'un de l'autre. Mais il est au-dessus, ou plutôt hors de son pouvoir, d'établir, sur des bases solides, une existence quelconque, ou de la constater et de la garantir.

L'analyse est admirable pour faire la revue de nos richesses, pour mettre de la liaison et de l'ordre dans nos représentations, pour découvrir la composition des êtres sous leur unité apparente, et pour en ramener les élémens à la plus grande simplicité possible; mais l'analyse ne nous donne rien, et ne peut rien produire. Tout lui est donné à elle-même. Ses opérations se bornent à travailler sur les intuitions et les représentations, et à tirer des objets que le sens interne ou les sens extérieurs nous offrent, tout ce qui y était renfermé et caché. Sans contredit, elle peut dans son travail arriver jusqu'aux élémens du sentiment et de la pensée, élémens qui se refusent à elle, et sur lesquels elle n'a pas de prise; mais elle ne peut pas nous éclairer sur la nature de ces élémens, ni prononcer en dernier ressort sur leur existence et sur leur réalité.

On ne fait pas plus de chemin avec les notions, et elles aussi ne nous conduisent pas aux existences. De ces notions, les unes sont notre propre ouvrage; nous les formons au moyen de l'abstraction et de la réflexion, nous connaissons leur origine, nous sommes en état de suivre leur épuration graduelle, et de traverser toute la filière par laquelle elles passent pour arriver au plus haut degré de finesse. Les autres ne sont pas de notre création; nécessaires, absolues, universelles, elles paraissent nous être innées. Les premières ne sont que des instrumens artificiels, ou avec lesquels nous saisissons, ordonnons, enchaînons les faits individuels. Elles ne peuvent jamais nous offrir que ce que nous y avons déposé, ni nous rendre que ce que nous leur avons donné; elles exercent un pouvoir régulateur dans l'économie de nos idées, mais ne nous apprennent proprement rien. Les secondes sont d'une nature bien différente. Si nous leur attribuons une réalité transcendante, si en les saisissant dans les profondeurs de notre ame, nous sommes en état de connaître les existences, il faut qu'elles aient une puissance secrète qui leur soit propre et particulière; puissance qui ne leur a pas été communiquée par d'autres, et qu'elles ne tiennent pas de nous, qui nous force à leur accorder et à leur reconnaître une vérité objective.

La synthèse dégénérerait en combinaison purement arbitraire, si une thèse primitive ne lui servait pas de base, et si ce que la synthèse rapproche, émet, poursuit et développe jusque dans ses dernières ramifications, ne nous était pas donné. En partant de ce qui lui est donné, la synthèse peut, en procédant avec une sévérité logique, en tirer des conséquences à l'indéfini. Mais si rien ne lui était donné avec une certitude entière et complète, la synthèse la plus correcte, la plus pure, ne serait qu'un jeu stérile sans fondement, sans consistance et sans véritables résultats.

Les raisonnemens, quelque justes, serrés et fortement enchaînés qu'ils soient, ne peuvent pas non plus nous donner la réalité, ni nous conduire aux existences. Eux-mêmes, pour ne pas flotter en l'air, ont besoin d'être appuyés sur une autre base que celle du raisonnement, sur une base indépendante de lui. Tout raisonnement devient un simple exemple d'arithmétique, toute la métaphysique n'est même plus qu'une arithmétique de l'entendement où les notions remplacent les nombres, si la réalité et l'existence ne sont pas originairement données à l'homme. Si la vérité ne jaillit pas pour lui d'une source pure, invisible, supérieure à toutes les autres, qui se répande sur tout le système de ses représentations et de ses sentimens; qui, leur prêtant la réalité et leur infusant la vie, les alimente et les entretienne en même temps. Il faut que l'échelle du raisonnement repose sur un sol ferme et immobile; il faut que le premier degré de cette échelle soit une existence donnée et réelle, ou bien l'on aura beau monter de prémisses en prémisses et de conséquences en conséquences, le dernier échelon n'aboutira pas non plus à l'existence, et ne conduira pas finalement à la réalité.

Cette racine de toute réalité, cette base de toutes les existences, c'est la raison. C'est d'elle que partent tous les raisonnemens, et c'est sur elle seule qu'ils peuvent reposer.

La raison dont je parle n'est ni un instrument ni un organe, qui serve à de certaines opérations de l'ame, mais une force productrice, un pouvoir créateur qui a ses révélations particulières, qui ne démontre pas ce qui existe, mais qui a l'intuition des existences, et qui les voit s'élever de son propre sein; qui ne se contente pas de combiner ce qui lui est donné et d'en déduire des conséquences, mais qui nous fournit la réalité même. Cette raison, telle que nous venons de la caractériser, n'est pas une machine arithmétique, mais un principe actif, qui ne se traîne pas lentement et péniblement à la vérité, mais qui part de la vérité comme d'un point fixe, parce qu'il la trouve en lui-même.

Cette raison, l'œil intérieur, qui reçoit la lumière d'une manière immédiate, aperçoit les existences, comme l'œil du corps saisit les couleurs et les contours du monde sensible. C'est une espèce de sens d'un ordre supérieur, qui contemple sans intermédiaire le monde invisible.

Cette raison est la base et le fondement

de toute la science ; car la science ne peut avoir d'autre objet que la réalité et les existences.

Toute science doit reposer primitivement ou finalement sur des faits nécessaires et universels du sens intime, sur des faits qui nous donnent la conviction de notre existence réelle, et celle de l'existence d'autres êtres, parties intégrantes du monde invisible.

Ces faits sont pour nous des intuitions intellectuelles; des intuitions, en tant qu'elles nous donnent une aperception claire, prompte, objective, de la réalité; et comme ces intuitions portent sur les objets du monde invisible, elles méritent le nom d'intuitions intellectuelles.

De pareilles intuitions intellectuelles enfantent *la foi philosophique*. Cette foi consiste dans l'aperception immédiate des existences, qui sont inaccessibles aux sens, mais qui se manifestent dans notre intérieur, et nous donnent en même temps une conviction forcée de leur objectivité.

Croire, dans le sens philosophique du mot, c'est admettre sans démonstration, sans raisonnement, sans déduction quelconque, des vérités d'un ordre supérieur, qui n'appartiennent pas au monde des phénomènes, mais au monde intellectuel et invisible.

Cette foi philosophique porte, comme la foi théologique, sur les mystères du monde invisible. Mais celle-ci se fonde sur l'autorité d'une révélation extérieure, et l'autre sur les révélations du sens intime ou de la conscience.

Bien loin que la foi philosophique soit opposée à la raison, elle ne diffère pas même d'elle essentiellement. La foi philosophique est la raison considérée dans son principe et dans sa source.

La raison suppose que quelque chose d'universel et d'universellement reconnu, nous est donné; tout raisonnement suppose à son tour la raison, et une raison telle qu'elle vient d'être caractérisée. Ainsi l'essence de la raison ne consiste pas dans les raisonnemens; mais on ne peut pas même concevoir les opérations artificielles de ce genre, sans l'existence d'une raison supérieure, immédiate, indépendante. Par conséquent, le raisonnement et la raison ne sont rien moins que des termes ou des idées identiques.

La raison, telle que nous l'entendons, ou la foi philosophique, ne diffère pas de la science, à l'égard de la conviction qu'elle produit et des résultats qu'elle amène, mais bien par rapport à la source où elle nous fait puiser cette conviction, et aux moyens qui nous font parvenir à ces résultats. La foi philosophique admet et fait admettre des existences que l'on ne peut ni concevoir ni démontrer. La foi consiste donc en effet dans la science des existences; mais elle n'est pas cette science, si par savoir on entend prouver, connaître, concevoir et comprendre les existences.

La science proprement dite porte sur

les phénomènes du sens interne et du sens externe, que l'ame saisit par des intuitions sensibles, ou sur des rapports qu'elle tâche d'expliquer par l'entendement, et d'enchaîner les uns aux autres. Dans les sciences, tout est conditionnel. La foi philosophique porte sur quelque chose d'absolu, que toute espèce de relatif suppose, et sur des principes inconditionnels, sans lesquels le conditionnel ne pourrait pas exister, et le terme même n'aurait pas de sens. L'ame arrive à ces résultats par une espèce de sens interne qui lui révèle les profondeurs de sa nature; mais après que le sens interne nous a révélé ces faits primitifs, la science peut s'en emparer, et s'en empare en effet, soit pour les énoncer avec précision, soit pour les distinguer d'autres faits, soit pour en déduire de nombreuses conséquences, et les appliquer au monde phénoménique.

L'intuition intérieure qui nous fait saisir et percevoir des existences, et qui ne nous permet pas de douter de leur certitude et de la réalité des êtres qu'elle nous révèle, ne nous éclaire pas sur leur nature. Cette intuition intérieure nous est donnée par le sentiment et dans le sentiment ; mais, dira-t-on, il n'y a rien d'objectif ni d'universel dans le sentiment; tout y est subjectif, relatif, individuel. Il faut d'abord remarquer que, quel que soit le point d'où la philosophie parte, que les existences lui soient données, ou qu'elle les construise, qu'elle les saisisse dans les intuitions internes ou externes, dans les impressions sensibles ou dans les principes, dans les sensations, ou dans le sentiment qu'elle en doive à sa réceptivité, ou à son activité propre et spontanée, toujours, dans un certain sens, tout est subjectif, relatif, individuel. Ce défaut (si c'en est un) est commun à tous les systèmes. La philosophie ne peut jamais s'élever au-dessus d'elle-même, sortir entièrement du cercle de ses représentations, de ses sentimens, et se rendre également étrangère à ce que l'ame reçoit du dehors, ou à ce qu'elle produit dans son propre sein. On ne voit jamais que par ses propres yeux; on n'entend que par ses oreilles; on ne touche un corps que par les organes du toucher. Personne n'en tire la conséquence que ce qu'un homme voit, entend, touche, est purement relatif, et que dans l'ensemble de nos sensations et de nos intuitions individuelles, il n'y ait rien de vrai pour le reste des hommes. On ne sent aussi qu'avec son ame; on ne comprend les choses que par son propre entendement; on ne fait des raisonnemens qu'avec sa propre raison. Qui voudrait en conclure qu'il n'y a rien d'objectif ni d'universel dans les résultats de toutes ces opérations ?

Bien loin de là, on ne saurait nier que les sensations, comme les intuitions, n'offrent toujours quelque chose d'universel et d'objectif. Tout homme part de lui-même dans ses recherches. Dans ce qu'il admet, comme dans ce qu'il rejette, il ne connaît d'autre échelle que lui-même. Mais l'humanité et l'espèce humaine tout entière se retrouvent jusqu'à un certain point dans chaque individu. Afin de ne pas manquer la vérité, il faut saisir dans chaque homme, et dans chaque cas particulier, ce qui est commun à l'espèce humaine tout entière. Pour cet effet, il faut que chacun distingue dans sa conscience intime, ce qui est accidentel et variable, ce qui se manifeste à nous avec un caractère objectif, comme permanent, universel, inséparable de notre moi.

Les sentimens, dira-t-on, sont de leur nature obscurs et confus, comment pourraient-ils donc conduire à la vérité qui suppose des représentations claires, distinctes, complètes, et ne peut avoir ni une autre base, ni un autre couronnement? Il y a sans doute des sentimens confus; ce sont ceux qui, composés d'élémens divers, sont essentiellement mixtes. Il faut tâcher de décomposer les sentimens de ce genre, et de les résoudre, s'il est possible, dans leurs parties intégrantes.

Il existe aussi des sentimens simples, qui peuvent paraître obscurs, si l'on appelle ainsi tout ce qui ne peut pas être analysé ; mais ces sentimens sont très clairs, en tant qu'ils ont une évidence propre et particulière, qu'ils brillent d'une lumière qui n'est pas empruntée, qu'ils frappent tous les yeux, et qu'on ne saurait les confondre avec d'autres. De ce genre, sont tous les sentimens qui nous révèlent des vérités objectives. Ils sont aussi simples que les intuitions sensibles. Il suffit de les énoncer ; aussitôt on les reconnaît, on les adopte, on les distingue des sentimens qui, liés à un plaisir ou à une peine, ne nous instruisent jamais que sur les rapports des objets à notre bien être. Les premiers nous donnent de la lumière ; les autres de la chaleur. Ceux-ci ne répandent du jour que sur notre propre cœur ;

ceux-là en répandent sur tous les êtres et sur l'univers tout entier.

Ces derniers sortent et s'élèvent du sein des profondeurs de l'ame. C'est de là que jaillit la lumière intérieure qui nous annonce et nous révèle le monde invisible. Cette sensibilité morale, expansive, riche d'un ordre supérieur, est la source de la vérité, de la vertu, de la religion, du génie. Tout ce qui existe de beau, tout ce qui se fait de grand dans le monde, a sa racine dans cette puissance de l'ame. Ceux que la nature a déshérités à cet égard, et à qui elle a refusé ce don céleste, ne sont que des machines d'arithmétique. Quelle que soit la mesure de leur intelligence, s'ils sont dénués de ce feu de l'ame, ils ne possèdent rien que de borné et de fini. Le monde invisible, et tout ce qu'il y a d'éternel, leur demeure à jamais fermé. Cependant on voit souvent des hommes qui n'ont que de l'esprit et de l'intelligence, traiter ceux qui sont doués de toute la puissance du sentiment avec une fierté dédaigneuse, lors même que ces derniers accordent à l'intelligence le rang, les droits, l'autorité qui lui reviennent, et en appellent à elle avec confiance pour toutes les choses qui sont de son ressort. Ces prétendus philosophes, dépourvus d'ame et de sentiment, sont fiers de se comprendre eux-mêmes et de ne s'occuper que d'objets compréhensibles : ils ne s'aperçoivent pas qu'ils ne font autre chose que comparer des phénomènes entre eux et avec les notions, soit pour ranger les phénomènes, y mettre de l'ordre, soit pour les expliquer les uns par les autres; et ils ne se doutent pas qu'au fond tout ce travail ne les rapproche pas de la solution du problème primitif et fondamental, savoir, de la réalité des existences.

Ce sens interne et universel, cette vue transcendante de l'ame, paraît tenir beaucoup de l'instinct, et l'on pourrait et devrait peut-être la nommer instinct intellectuel : car d'un côté ce sens interne s'annonce par des inspirations soudaines, rapides, uniformes, irrésistibles; d'un autre côté, ces inspirations se rapportent toutes à des objets qui appartiennent au monde invisible et non au domaine des sens.

Il ne faut pas s'effaroucher du mot instinct. Si cet instinct ressemblait à celui des animaux, s'il était comme lui invariable, stéréotype, étranger, et même contraire à toute espèce de perfectionnement; s'il ne servait qu'à produire, amener ou diriger toujours le même travail et les mêmes résultats, l'ame humaine ne ferait aucun progrès, ne serait susceptible d'aucun développement, et l'homme, comme l'animal, ne pouvant ni avancer, ni reculer, resterait toujours au même point. L'animal a des intuitions bien déterminées; il reçoit des impressions sensibles; il les lie de différentes manières, mais toujours par un procédé mécanique; il les lie sans notions, sans idées générales, sans langage. L'animal n'a ni idées générales, ni notions, parce qu'il ne parle pas; et il ne parle pas, parce qu'il n'a ni notions, ni idées générales, car ces choses se supposent et exercent l'une sur l'autre une action réciproque. Plus l'organisation d'un animal paraît calculée sur un seul objet et ressemble à un simple instrument, plus son instinct est déterminé et resserré dans d'étroites limites ; plus il lui commande certaines actions à l'exclusion de toutes les autres, et moins l'animal est capable de lier ses représentations, et moins il agit spontanément. A mesure que l'animal, comme instrument, devient plus parfait, il devient plus imparfait comme être. Au contraire, moins une organisation ressemble à une machine, plus l'instinct d'un animal paraît vague et indéterminé, et plus la faculté de lier ses représentations se montre en lui active et développée.

Au contraire de l'animal, l'homme est doué de la plus grande réceptivité possible, et d'une réceptivité indéfinie et indéterminée. Les facultés de l'homme peuvent prendre toutes sortes de directions, et ne sont pas destinées exclusivement à aucun objet particulier. De là ses progrès et ses chutes, ses découvertes et ses erreurs, son mouvement continuel, ses essais non interrompus, son activité, qui prend toutes les formes, en un mot, sa perfectibilité.

Mais cette perfectibilité doit avoir un point de départ fixe, et conduire à un but également fixe et invariable; elle suppose dans l'homme quelque chose de certain, d'immuable, d'absolu; autrement elle dégénérerait bientôt, et n'enfanterait que des mouvemens désordonnés. Si l'homme n'avait pas un instinct intellectuel, si sa raison n'avait pas sa racine en elle-même, et ne lui révélait pas des vérités qu'elle ne veut ni ne peut démontrer, il serait, faute d'un point d'appui, dans une fluctuation perpétuelle; manquant d'une direction fixe, il s'agiterait sans avancer, et il tomberait au-dessous de l'animal : car il serait dépourvu du genre de perfection propre à l'animal, sans pouvoir jamais en atteindre un autre.

La raison produit immédiatement en nous des intuitions intellectuelles et intérieures. Ces intuitions sont d'une évidence qui agit sur nous, comme un instinct d'un ordre supérieur, et nous donne la foi philosophique, la base de toute notre science. Quel que soit celui de ces termes qu'on choisisse et qu'on préfère, les notions qu'ils expriment ont toutes un caractère tellement identique, et se fondent tellement l'une dans l'autre, que l'on en revient toujours à cette proposition toute simple : « Il est des vérités pre-

« mières dont on ne peut pas plus douter
« qu'on ne peut les prouver. »

Quand on ne démontre pas la vérité, et qu'on se borne à l'énoncer; quand on en appelle uniquement de la vérité à elle-même, et qu'on n'essaie jamais de sortir d'elle pour la prouver, il semble qu'il faille renoncer à tout espoir de la communiquer à d'autres. Mais dans la réalité il n'en est pas ainsi. Un homme pourrait-il jamais se faire comprendre d'un autre homme; l'essaierait-il même jamais, s'il n'avait pas dans ses propres idées la mesure, et, jusqu'à un certain point une mesure certaine des idées des autres. Quand on communique à d'autres ses propres représentations, on ne leur communique proprement que des mots, et ces mots ne diraient rien à personne, si dans le fond les mêmes représentations et le germe des mêmes sentimens ne se retrouvaient pas chez tous les hommes. Lorsqu'il est question d'autres objets que de ceux des sens et de l'expérience, instruire, persuader, convaincre, ne signifie en général que développer ce qui est enseveli et caché dans toutes les ames humaines; rendre clair et distinct ce qui était confus et obscur, diriger l'attention sur ce que l'on faisait et disait sans en avoir la conscience, ou du moins sans en avoir une conscience réfléchie.

Si nous n'avions pas en nous-mêmes un principe générateur de la vérité, nous n'aurions ni une règle, ni une pierre de touche, ni une mesure quelconque du vrai. Si nous n'avions pas la conscience et la conviction de certaines vérités que nous portons en nous-mêmes, il n'y aurait pour nous aucun moyen de savoir si ce qui nous vient du dehors est plus qu'une apparence vaine, et si toutes les représentations que l'ame produit et combine ne sont pas un simple jeu de notions. En général, la vérité doit être en nous, soit comme principe, soit comme règle, de ce que nous admettons ou rejetons : sinon il est impossible que nous arrivions à une vérité quelconque. Avec un point fixe de départ et un point fixe auquel tout aboutit, d'autres connaissances deviennent possibles; mais sans cette première condition de toute science, rien de réel ne peut nous être donné, et il n'existe rien de certain.

On ne peut jamais déduire d'un principe que ce qui y est déja contenu en vertu de sa nature, ou ce qu'on y a déposé. Dans le premier cas, ce principe est un premier principe, un principe réel, une existence; dans le second, le principe sera purement nominal, un produit de l'art, notre propre ouvrage, une simple opération logique. En établissant un principe de ce genre, on fait souvent abstraction de toute espèce d'objets, et l'on n'énonce que la forme afin d'avoir l'air de tout construire soi-même, le fondement et l'édifice, les prémisses et les conclusions; on part du vide et l'on y reste, sans arriver jamais à la réalité, ou bien après l'avoir mise et laissée de côté, on la reprend tout doucement et on la fait rentrer d'une manière insensible, mais tout arbitraire, dans la chaîne des idées. Souvent encore on forme, selon toutes les règles de la logique, une notion composée, pour s'amuser ensuite à la décomposer; puis on se donne les airs de prouver ce qu'on avait déja établi et affirmé, d'avoir découvert ce qu'on possédait déja : dans tout cela, on ne fait autre chose que jouer avec les notions : or, ce jeu ne peut mener à rien, et ne donnera jamais rien de réel ni de certain. Le seul moyen d'arriver à des vérités est de partir de vérités. La première condition de la validité des raisonnemens est de prendre le fait des existences pour base. Si ce fait n'était pas, par sa nature, au-dessus de tous les raisonnemens, et ne portait pas sa preuve en lui-même, il n'existerait rien pour nous dans le sens transcendant du mot.

Descartes a fait la faute de vouloir, à l'entrée de sa philosophie, prouver l'être et l'existence par un raisonnement, tandis que l'un et l'autre ne peuvent être que les objets d'une intuition immédiate. Mais, s'il voulait faire un raisonnement sur un objet qui n'en comporte pas, il aurait mieux fait de dire, Je veux et j'agis, donc je suis; que de dire, Je pense, donc je suis. Dans le premier cas, bien plus que dans le second, l'ame a la conscience de sa force propre et particulière, et par conséquent le sentiment de son existence, d'une existence tout-à-fait différente des autres existences. Si Spinosa était parti (comme il aurait dû le faire) de la conscience qu'il avait de son existence et de son individualité, on ne serait pas dans le cas de lui demander sur quoi portent et reposent ses premières définitions, et il se serait vu dans la nécessité d'expliquer la conscience de soi, et de la concilier avec ses principes, ce qui ne pouvant lui réussir eût mis à nu les côtés faibles de son système à ses propres yeux.

Leibnitz est tombé dans la même erreur, comme tous les métaphysiciens avant et après lui. Il a cru qu'on ne devait admettre que ce qu'on pouvait démontrer, et qu'on ne pouvait démontrer que ce que l'on comprenait et concevait à fond. En conséquence, il a mis en tête de sa philosophie une chaîne, en partie composée de définitions et de principes, en partie d'hypothèses. Mais toute philosophie, du moment où elle doit porter sur quelque chose de réel, part et doit partir d'existences données, d'une base qu'elle trouve toute faite, et non d'une base qu'elle se crée à elle-même. Elle repose sur un fondement dont elle ne peut pas démontrer la solidité, et qui n'en est que plus solide, de faits que l'homme est obligé de reconnaître, mais qu'il ne peut ni ne doit prouver. Toute définition nominale placée à la tête d'un système de philosophie ne signifie rien. Toute définition réelle ne sera jamais qu'un fait que nous admettons en quelque sorte forcément, et que nous nous bornons à énoncer.

Le méthode de Leibnitz, et surtout de Wolff, consiste à fonder un système sur des définitions, dans l'espoir trompeur d'atteindre de cette manière les existences. Cette méthode est un abus de la méthode mathématique. Cette dernière n'est pas du tout applicable à la philosophie. Dans les mathématiques on construit les êtres sur lesquels on opère, c'est-à-dire on les crée. Toutes les parties des mathématiques pures reposent sur quelque chose d'idéal, et ne conduisent qu'à l'idéal. Au contraire, la philosophie tend à la réalité, et veut arriver aux existences. Il faut donc que ces dernières soient données, et c'est d'elles qu'il faut partir, sinon on n'obtient jamais que de l'idéalité.

Deux genres de réalité, ou deux genres d'existences, nous sont révélés en même temps. Elles s'appuient et se limitent réciproquement. Ce sont la réalité de notre moi, ou de notre ame, et la réalité d'un monde extérieur, différent de nous. La conviction intime de ces deux réalités nous est donnée dans la conscience et par la conscience. Elles sont inséparables, et l'une ne peut pas exister sans l'autre. Elles se supposent et se soutiennent. La première reçoit de la seconde une lumière qu'elle lui renvoie. L'une n'est pas déduite de l'autre, mais elles s'annoncent toutes deux avec une égale évidence. Etablir de la différence entre elles sous le rapport de la certitude, essayer de faire dériver l'une de l'autre, afin de mettre de l'unité dans le système de nos connaissances, c'est frayer la route au matérialisme ou à l'idéalisme : car, ou bien on veut expliquer le moi par l'essence de la matière, et l'on nie que l'ame soit un principe actif, différent et indépendant de tous les autres; ou l'on fait de la matière et de tout le monde extérieur un simple phénomène et une espèce de projection et de fulguration de l'ame.

La conscience, ou le moi, est l'impénétrabilité des ames, l'impénétrabilité des corps est pour eux une espèce de surrogat du moi. C'est en vertu de cette qualité qu'on attribue à chaque corps une existence différente de celle de tous les autres. L'impénétrabilité des corps et la conscience des ames sont la base et le principe de l'individualité ; et, sous ce rapport, elles sont le fondement de toute philosophie. Nous devons à la conscience de nous-mêmes le sentiment et l'intuition de l'existence. Sans cette conscience, et hors d'elle, rien ne pourrait nous donner ce sentiment. Nous devons à l'impénétrabilité des corps le sentiment d'un monde différent de nous-mêmes. Le principe du moi ne peut pas faire disparaître l'impénétrabilité ; celle-ci ne peut pas anéantir le sentiment du moi. Tous deux sont si essentiellement différens, que l'un ne peut pas expliquer l'autre. De leur opposition, ou de leur antagonisme, résulte en nous le sentiment de la force. Ce fait est de la plus haute importance et de la plus grande fécondité en philosophie.

Résumons : la science, dans un sens élevé, dans le sens le plus transcendant du mot, est le résultat d'une intuition intellectuelle, immédiate, l'aperception directe de la raison.

L'intuition des sens et les sensations nous révèlent le monde sensible. A la vérité, elles ne nous le font connaître que comme monde phénoménique; mais sous ces phénomènes se cachent des existences réelles que nous sommes forcés d'admettre. Les raisonnemens créent l'ordre et l'enchaînement dans le monde des idées. A cette fin, nous lions les notions entre elles avec les sensations et les intuitions des sens. La raison, comme puissance active, nous donne par des aperceptions immédiates la conviction des vérités objectives, et de l'existence réelle du monde invisible.

Il est digne de remarque que la plupart

des hommes ne doutent pas du tout de la réalité des intuitions sensibles, et de celles des objets qui leur correspondent, mais ils ne croient pas, et ne veulent pas croire à la réalité des intuitions intellectuelles. Cependant on peut aussi peu démontrer l'une que l'autre. Les intuitions sensibles ne sont pas plus générales, plus uniformes, plus certaines, que les intuitions intellectuelles; mais il est plus facile d'avoir la conscience distincte des premières que des secondes. L'une de ces choses demande bien plus d'attention, de pénétration et de réflexion que l'autre. Il faut avoir acquis une certaine culture philosophique pour parvenir à la conscience distincte de la réalité des intuitions intellectuelles. Au contraire, il suffit du simple bon sens pour ne pas douter de la réalité des intuitions sensibles, et même on en est d'autant plus convaincu, qu'on reste sous l'empire du sens commun; mais quand on reste uniquement dans cette sphère, et qu'on ne s'élève jamais au-dessus d'elle, on peut facilement en venir à nier la réalité des intuitions intellectuelles.

Sans doute, lors même qu'on reconnaît leur réalité, et qu'on les regarde comme le principe unique de toute vérité objective, il s'élève encore une grande difficulté. Comment fait-on pour tracer une ligne de démarcation nette, tranchante, forte et sévère, d'une évidence universelle, entre les révélations immédiates et la raison, et les révélations prétendues des mysticismes, et les rêves trompeurs d'une imagination exaltée? Comment se convaincre que parmi les existences qui nous sont données par la raison, ne se glissent pas des apparences décevantes? Quelle garantie avons-nous que ce qui s'annonce comme universel, nécessaire, objectif, soit tel en effet? A la vérité, quand il s'agit de la réalité du monde sensible, nous ne doutons pas un moment qu'on ne puisse et ne doive conclure des intuitions qu'il nous donne à la réalité des êtres; mais cette marche est-elle correcte et légitime, quand il s'agit de la réalité du monde invisible? Peut-on alors en appeler en toute sûreté à la conscience de l'espèce humaine, et à l'assentiment universel?

III.

SCIENCE PHILOSOPHIQUE.

La science se rapporte aux existences. Elle veut connaître ce qui est. Elle ne se contente pas de ce qui est relatif; mais elle tend à l'absolu, et s'occupe de lui exclusivement. Ce principe est la base commune de toutes les sciences. Il est l'idée première qui détermine leur objet, et sans laquelle tout mouvement progressif serait impossible.

Il existe des êtres qui correspondent à nos représentations, et nos représentations doivent correspondre aux êtres.

S'il en était autrement, nous ne saurions rien, dans le sens strict du mot. Tant que cette concordance ou cette harmonie n'est pas établie sur des bases solides, nous ne possédons pas la science. Du moment où cette harmonie existerait dans sa perfection, la science pourrait prétendre de droit à l'assentiment universel, et l'obtiendrait en effet avec le temps.

Ce principe est, sinon le fondement de toute vérité, du moins l'idée fondamentale et primitive de la vérité, telle qu'elle est gravée dans notre ame; idée qui en fait en quelque sorte l'essence, et qui donne à toutes nos recherches leur direction.

On ne peut pas nier que nous n'ayons la notion de la vérité; et il serait singulier que nous eussions cette notion, si nous n'étions pas faits pour la vérité.

La vérité ne consiste pas dans une construction arbitraire des êtres ; elle ne crée pas son objet, mais il lui est donné.

La vérité ne saurait non plus être le résultat d'une union mystique entre les objets et les facultés de l'intelligence humaine, qui leur imprimeraient un caractère particulier, d'où naîtrait quelque chose qui ne serait ni le sujet, ni l'objet, mais un je ne sais quoi dépourvu de toute réalité. Dans cette supposition, la vérité serait purement relative, ou se réduirait à la simple connaissance de ce bizarre amalgame.

La vérité ne peut également pas se trouver dans une combinaison de notions, ou dans une table logique des formes de l'entendement : dans le premier cas, elle serait un jeu de chiffres, une sorte d'arithmétique intellectuelle; dans le second, un instrument sans objet, un moyen sans but.

La vérité, c'est ce qui est. Très bien; mais quel moyen possédons-nous pour connaître ce qui est, et pour nous assurer que nous ne substituons pas involontairement des représentations à la réalité, des imaginations vaines aux êtres, et que nous saisissons en effet ce qui existe.

Les existences nous sont données : le sentiment de notre existence nous est donné avec elles. S'il en était autrement, nous n'aurions aucun moyen d'y parvenir, et rien ne pourrait nous en donner la conviction.

Les raisonnemens ne peuvent pas produire cet effet, ni nous conduire à ce but, car les raisonnemens supposent cette conviction. Tout raisonnement part de prémisses. Ces prémisses peuvent être les conclusions ou les conséquences de raisonnemens antérieurs, et ainsi de suite. A la fin il faut pourtant arriver à des principes primitifs qui portent leur preuve et leur démonstration en eux-mêmes. Des prémisses de ce genre peuvent seules servir de base à un système. Mais de telles prémisses ne peuvent être que des faits, et ces faits, des existences.

Les sens nous conduisent à reconnaître des existences pareilles, car outre les impressions purement subjectives de plaisir et de peine, elles nous donnent des intuitions objectives. Ces intuitions sont accompagnées dans la conviction intime de la réalité du monde sensible, de la foi de l'existence de ce monde, d'une foi qui nous est véritablement innée.

Les erreurs des sens, les illusions des songes, de la rêverie, en un mot tout ce qui au premier coup-d'œil semble affaiblir, infirmer, ou même renverser leur témoignage; tout ce qui pourrait faire douter de la réalité du monde sensible, la confirme et la garantit : car nous l'opposons toujours avec une entière confiance à tout ce qui paraît avoir avec elle une fausse ressemblance. La conviction de cette réalité repose sur quelque chose d'inconnu, qui n'a de véritable nom dans aucune langue, qu'il est impossible de préciser, d'expliquer, même d'énoncer, et qui paraît inséparable des intuitions objectives que nous recevons par les sens. Ce je ne sais quoi inconnu forme la ligne de démarcation entre la réalité et les rêves, soit ceux que nous faisons pendant la veille, soit ceux qui nous occupent durant le sommeil.

La science, ou ce qu'on appelle de ce nom, se compose de faits, de notions, et des rapports des notions aux faits. Si tous les faits n'étaient que des phénomènes sensibles, se révélant à des sens d'une certaine nature, si les notions n'étaient que des abstractions ou des faits généralisés, si tous les rapports n'étaient que des comparaisons de faits pareils, entre eux ou des faits avec les notions, si ces rapports étaient uniquement les fruits de notre intelligence, il n'y aurait point de science, et il n'existerait qu'une fantasmagorie à moitié volontaire et à moitié involontaire. Au contraire, y a-t-il des faits d'existence qui nous manifestent autre chose et plus que de simples phénomènes? y a-t-il des notions, qui soient de véritables principes et qui nous donnent ou nous garantissent la réalité? alors seulement nous savons en effet quelque chose, nous croyons à la certitude; alors seulement les rapports prennent un caractère réel, parce qu'ils dérivent de l'application des principes aux existences.

La conviction des existences précède toutes les opérations de l'entendement et de la raison, et survit à toutes ces opérations comme elle les a précédées. Cette conviction n'est pas un résultat, mais un principe ; elle n'est pas un principe dérivé, mais le premier de tous. On ne peut donner à personne cette conviction, on peut bien moins encore l'enlever à qui que ce soit. Aucun homme ne l'a découverte ni inventée, aucun ne l'a ni enseignée, ni reçue et apprise. On peut observer quand elle naît dans les enfans, ou plutôt à quelle époque elle se montre et devient sensible, sans qu'on puisse dire quand et comment elle a pris naissance. Il est digne de remarque de voir comme cette conviction de la réalité des existences a pris racine dans l'ame des philosophes à leur insu, malgré eux, soit qu'ils prétendent tout prouver, soit qu'ils aillent jusqu'à tout nier. On peut refuser de convenir de sa certitude, mais on ne peut l'ébranler par des raisonnemens que l'on compose péniblement pour démontrer les existences ; on s'imagine quelquefois être arrivé jusqu'à elles, et l'on était parti d'elles; et par toutes ces opérations savantes on n'a rien ajouté à leur évidence, on les a supposées et admises d'avance, et l'on croit après coup les avoir cherchées et trouvées. Qu'on suive le métaphysicien dans ce travail infructueux et inutile, et l'on verra que par ses doutes, ses preuves, ses démonstrations, il n'a pas pu réussir à faire vaciller un moment, ou à affermir sur des bases plus solides une certitude, une certitude qui, indépendante de lui, plus élevée que lui, ne peut être ni affaiblie ni fortifiée. Qu'on prenne dans toutes les langues les mots d'*essence*, d'*existence*, de substance, de réalité, et l'on verra que ces termes si clairs en eux-mêmes, quand on les emploie avec la simplicité primitive d'un esprit sain, mais peu développé, deviennent obscurs quand on veut les expliquer, et qu'on essaie de s'en rendre raison. Les hommes grossiers, les gens du peuple les appliquent avec facilité et avec justesse ; ils n'offrent des difficultés et de l'incertitude qu'aux philosophes. Le fait des existences, le sentiment et la conviction de ce fait ont suggéré et inspiré ces termes aux hommes, et si la nature des choses ne les avait pas amenés, ils n'auraient jamais été créés.

Il est aussi difficile d'expliquer les existences que de les prouver. Elles nous sont données avec une sorte de nécessité. On les sent, on en a une intuition immédiate, mais on ne peut pas s'en rendre compte.

De cette manière nous sont donnés les êtres matériels, les êtres doués de la pensée et de la raison, tels que nous, l'existence du grand tout, l'existence d'un être infini, intelligent et libre, différent du tout, et cependant en relation avec lui.

Fort bien. Mais pour convenir de tout cela l'on n'est pas encore d'accord. On se divise et se dispute sur la nature de l'existence. On n'attribue pas à tous les êtres que nous venons de nommer le même genre d'existence, ou l'existence dans le même sens, dans un sens parfaitement identique.

D'où vient-il qu'à cet égard et sous ce rapport, on se divise? Comment faut-il faire pour s'entendre? Comment est-il possible d'arriver à des conclusions certaines?

La difficulté est-elle levée quand on

distingue entre une existence éphémère et une existence permanente, entre une existence dépendante et une existence indépendante?

Pas du tout. Car si l'une et l'autre nous sont données, si chacune d'elles nous est donnée d'une manière différente, nous devons non-seulement reconnaître cette différence, mais encore l'énoncer et la confirmer.

Un beau lis s'élève sur sa haute tige, sous sa forme élégante et son éblouissant éclat. Il nous est donné par l'intuition, et cette intuition est telle qu'elle nous contraint impérieusement à reconnaître l'existence de cette fleur. Nous ne pouvons nous défendre de cette nécessité, et nous sommes obligés d'en subir la loi. Ce caractère est inséparable de la représentation du lis qui frappe en effet notre vue ; représentation que nous ne pouvons pas à notre gré produire, ou nier, ou modifier.

L'intuition et la sensation que ce lis nous donne ne sont pas le lis lui-même ; nous convenons que nous ne pouvons pas conclure avec certitude de la représentation du lis à ses qualités intimes et réelles. Mais ce doute ne s'étend pas jusqu'à l'existence du lis, celle-ci nous ne pouvons pas la nier. Nous sommes contraints d'admettre et d'avouer que hors de nous il existe quelque chose d'indépendant de nous, qui nous donne la représentation du lis et ne peut pas nous en donner une autre.

Cette belle plante s'est développée ; elle

a fleuri, et en vertu de la semence qu'elle recèle elle s'est propagée. Bientôt après flétrie, desséchée, elle s'est résoute en poussière, et de cette forme élégante, de cette vie brillante et magnifique, rien n'est resté et ne lui a survécu.

Cette existence éphémère et si tôt évanouie nous a donné une représentation ou une intuition, qui ne répondait pas parfaitement à son essence et à sa nature intime : était-elle une existence véritable et réelle ?

Nous le croyons, et nous avons à cet égard une foi ferme et inébranlable, parce que nous ne pouvons pas faire autrement. Nous le croyons, parce que nous croyons avec une force irrésistible et qui ne ressemble à rien, que cet objet ou cet être n'a été ni un rêve de l'état de veille, ni un songe de la nuit. A la vérité nous avons souvent rêvé des objets de ce genre, mais alors nous les avons toujours distingués de la réalité. Nous sentons également que nous n'avons pas produit cet objet ou cet être par une force propre et *spontanée* et que nous n'en sommes pas les créateurs. Cet être, quelle que soit sa nature, s'est non-seulement présenté à nous, mais il nous a été imposé du dehors sous des formes déterminées et individuelles.

Tous les êtres matériels dont l'existence nous a été révélée d'une manière médiate par les sens, les sens eux-mêmes, et le corps qui en est doué, qui les porte et les nourrit, ressemblent dans leurs phases et dans les phénomènes qu'ils offrent à ce lis, l'amour de la nature. L'histoire de cette fleur est l'histoire commune de tous les êtres matériels. Depuis le chêne qui pendant des siècles croît lentement et en silence au sein des forêts avant d'atteindre sa perfection, et qui décroît ensuite pendant des siècles en perdant tous les jours de sa force, pour mêler finalement sa poussière avec celle du sol natal, de ce chêne jusqu'à la plante qui, comme un souffle, naît et meurt dans un même jour; depuis le lion et le tigre qui déployant leur force indomptée et leurs mouvemens sauvages, mènent long-temps dans le désert une vie toute de sang, et trouvent leur tombeau dans ce même désert, jusqu'au moucheron à qui il n'a été donné de vivre qu'un moment; depuis le soleil qui n'a pas toujours brillé et qui s'éteindra un jour, jusqu'aux prismes des cristaux, tous les êtres ne se forment que pour paraître et s'évanouir: ils ne reparaissent plus. Après s'être révélés à nos sens plus ou moins long-temps, et y avoir excité des impressions douces et profondes, ou douloureuses et pénibles, les êtres qui nous environnent se décomposent dans leurs élémens; et une fois dissous, ils ne laissent aucune trace de leur existence.

Dans la nouvelle philosophie, on prétend que tout ce qui commence et finit, n'a dans sa courte, rapide et fugitive apparition, point d'existence réelle, à prendre ce mot dans son sens propre et strict.

Suffit-il, pour refuser à un être une existence véritable, qu'il ne l'ait pas toujours eue et qu'il doive la perdre; dans ce cas, on doit refuser l'existence à tout le monde matériel qui ne consiste que dans des êtres de ce genre. Qu'on essaie dans ce système de comprendre et d'expliquer d'une manière satisfaisante pourquoi ces êtres nous donnent la conviction de leur existence, comment il se fait qu'ils nous imposent cette conviction, avec une sorte de nécessité et avec une telle force, qu'il est aussi facile de nier en paroles cette existence, qu'il est difficile de la renier, ou même d'en affaiblir le sentiment.

Sans doute, si l'on accorde l'existence à ces êtres éphémères et matériels, il sera difficile de dire en quoi consiste cette existence. Est-ce aux élémens, ou seulement à la combinaison et à la forme des élémens qu'on doit attribuer l'existence? Dans ce cas, comment la distingue-t-on de l'existence dans le sens transcendant du mot, telle qu'on l'accorde à la substance, ou bien aux substances?

Ces difficultés sont réelles, mais elles ne changent rien à la conviction que nous avons de l'existence des êtres matériels qui nous environnent. D'ailleurs, si l'on voulait la leur refuser, il faudrait la refuser également aux êtres doués de raison et d'intelligence, qui, comme l'homme, ont la conscience d'eux-mêmes et se distinguent de tous les autres êtres et de l'univers tout entier; car eux aussi, comme les êtres matériels, paraissent naître et mourir. Je sais bien que, dans plusieurs systèmes, on refuse également l'existence à ces deux genres d'êtres, mais je sais aussi que, dans tous les systèmes pareils, on essaie en vain d'expliquer l'existence apparente de ces êtres intelligens, et la conviction que nous avons de cette existence. Dans tous les systèmes, on admet et l'on est forcé d'admettre, que quelque chose existe nécessairement et qu'il y a du moins une existence réelle.

Sera-ce une substance éternelle et immuable, et cette substance sera-t-elle un être intelligent et libre, ou sera-ce l'existence elle-même dans le sens le plus général et le plus vague de ce mot ?

Dans la première supposition, l'individualité des êtres qui nous sont donnés comme étant réels et notre propre individualité, s'effacent, disparaissent, et même réduites à être de simples apparences, elles restent inexplicables. Dans la seconde il n'existe point d'individualité ni parconséquent d'existence réelle, car une existence universelle n'en est pas une, et ne mérite pas ce nom. Un substantif n'est pas une substance.

Dans les deux suppositions, la conviction qu'a de son existence, le phénomène ou le rien appelé homme, et celle qu'il a de l'existence réelle d'un autre phénomène ou d'un autre rien appelé l'univers, sont une énigme insoluble.

Ces difficultés sont particulières et propres à l'école des idéalistes. Comme elle prétend démontrer la non-réalité des êtres qui nous sont donnés, et en même temps prouver la réalité d'une existence indéterminée, placée en arrière de l'autre ou sous la première, elle s'engage dans un labyrinthe inextricable.

L'école des matérialistes tombe dans d'autres difficultés, car elle accorde à la vérité aux individus une sorte de réalité apparente et purement formelle; mais elle leur refuse l'existence réelle, comme êtres dans le sens absolu, et elle n'en attribue une pareille qu'aux élémens primitifs, aux atomes physiques.

Comment peut-on attribuer une existence durable, immuable, nécessaire à des élémens emportés par un mouvement continuel, qui varient sans cesse et sans interruption dans leurs formes, sans que l'on puisse apercevoir, saisir, concevoir même, ce qu'ils ont de permanent?

Cette difficulté est réelle, mais il faut avouer qu'elle est commune à tous les systèmes également; car dans tous, il faut concilier l'immutabilité avec le changement.

D'autres difficultés sont particulières et propres au système atomistique. Quand on admettrait un nombre infini d'atomes ou d'élémens indivisibles et indestructibles, qui offrent des différences spécifiques, comme les différentes espèces des êtres matériels s'attirant et se repoussant les uns les autres, d'après les lois éternelles il resterait toujours impossible d'expliquer de cette manière l'origine des êtres organisés. Toutes les parties d'un être pareil se supposent réciproquement l'une l'autre: on ne conçoit donc pas que de tels êtres puissent se former successivement; et de quelque manière que nous nous y prenions, nous ne saurions comprendre leur existence sans admettre qu'elle a été précédée par une pensée et une volonté correspondante.

D'ailleurs, quand cette difficulté n'existerait pas, l'unité que nous appelons ame, et par qui seule nous avons des représentations et nous acquérons des connaissances quelconques, cette unité par excellence, ne peut être dans aucun cas un atome physique, ni le résultat d'un concours d'atomes.

Il résulte de tout ceci que lorsqu'on veut arriver par une démonstration quelconque aux existences, on s'engage dans des difficultés inextricables.

Il faut donc toujours en revenir aux principes que les existences nous sont données.

L'ame nous est révélée par une intuition immédiate. Nous avons la conscience de cette force et nous sommes sûrs de son existence ; car ce n'est que par l'ame que nous pouvons saisir d'autres existences. Nous sentons que cette force est quelque chose de substantiel, de permanent, d'indépendant, et que cette substance est en rapport avec toutes les représentations qui se montrent successivement en elle, ou y existent en même temps, et qui se trouvent dans un flux et un reflux continuel.

Il est très important de distinguer, entre les intuitions (qu'elles soient sensibles ou intellectuelles) et les sensations, les représentations, les idées. Les intuitions sont toujours objectives, et nous donnent avec la conviction de certaines existences, celles de certaines qualités des êtres qu'elle nous révèle. Les sensations sont de leur nature subjectives. Les représentations de la mémoire, de l'imagination, de l'entendement, et les idées qui sont les derniers termes des représentations de la raison, peuvent être rapportées et ramenées à ces intuitions. Elles le doivent même, et il est nécessaire qu'elles le soient pour ne pas paraître vides de toute réalité. Cependant elles n'ont jamais l'évidence et la certitude des intuitions.

Le monde phénoménique suppose l'existence d'un monde qui n'est pas phénoménique. Il serait également absurde de vouloir prouver par des raisonnemens qu'il n'existe rien de réel hors de nous, ou qu'il existe en effet quelque chose d'objectif. Que l'on fasse l'un ou l'autre, on tournera toujours dans le même cercle vicieux. Sous les phénomènes extérieurs qui nous sont donnés, et que nous saisissons, nous sommes forcés d'admettre, en vertu d'une nécessité que nous pouvons aussi peu nier qu'expliquer, quelque chose d'objectif, l'existence dans le sens éminent du mot, cachée sous des apparences, et différente d'elles, quoique unie avec elles par des liens secrets et mystérieux. Il en est de même relativement aux phénomènes du sens interne. Sans doute, l'ame se manifeste et se révèle à elle-même sous des apparences; et ces apparences se joignant et se confondant avec les apparences ou les phénomènes du monde extérieur, produisent le jeu varié de nos représentations ; mais indépendamment de ces apparences, il existe quelque chose d'objectif et de réel que l'ame aperçoit dans son intérieur , et qui lui certifie avec son existence les existences du monde invisible.

Ainsi une aperception immédiate, un sentiment irrésistible révèlent à l'homme l'existence et la réalité de l'ame. Une aperception et un sentiment du même genre lui manifestent l'existence et la réalité du monde extérieur.

Il est impossible de nier l'un ou l'autre : on a beau multiplier à cette fin les raisonnemens captieux et les sophismes, on persuade les autres aussi peu qu'on se persuade soi-même. Après s'être tourmenté à prouver la non-existence de l'un ou l'autre de ces deux mondes, que tant de liens unissent, que tant de différences séparent, on s'imagine quelquefois avoir démontré sa thèse ; mais la nature des choses triomphe d'une raison qui se croit victorieuse et qui se méconnaît elle-même.

Si la conscience de nous-mêmes, ou le moi, n'était pas une révélation immédiate de la réalité de notre propre existence, et si la conscience d'autres existences ne nous était pas donnée dans le moi, nous ne pourrions jamais arriver à une existence réelle. Toutes les vérités que l'on démontre ne sont jamais que des vérités dérivées. Tout ce qui est dérivé suppose quelque chose qui précède. Ces faits qui sont antérieurs à toutes les démonstrations et qui les précèdent, ces vérités d'où l'on en dérive d'autres, doivent être des faits primitifs et des vérités premières, ou bien elles ne nous mèneraient à rien. La chaîne de nos sentimens, de nos représentations, de nos principes, doit être attachée à un point fixe. Il serait pour le moins bizarre d'accorder de la réalité aux vérités dérivées, et de la refuser aux vérités premières. Ce serait attribuer au reflet de la lumière plus de réalité qu'à la lumière elle-même.

La plupart des termes des langues sont des termes corrélatifs comme la plupart des idées de l'homme. On ne peut prononcer l'un ni lui donner un sens, sans penser à l'autre. L'idée de petitesse suppose celle de grandeur ; l'idée de faiblesse, celle de force; et quiconque parle de phénomènes, admet par là même qu'il existe des êtres réels. L'apparence est le corrélatif de réalité, le sujet de l'objet, l'accident de la substance, le conditionnel de l'absolu. Le premier de ces termes, dans toutes ces positions d'idées, ne signifierait rien si l'on refusait toute signification au second. Chaque antithèse nous force d'admettre la thèse qui lui est opposée ; ainsi tout ce que l'on dit pour rendre l'existence et la réalité douteuses, ne sert qu'à les mettre dans un jour plus lumineux et dans une plus grande évidence, ou plutôt c'est de la réalité que l'on part, sans le savoir et sans le vouloir.

Quand l'idéalisme nie la réalité du monde extérieur, et que le matérialisme refuse à l'ame toute espèce de réalité, ils se contredisent eux-mêmes. Les preuves que chacune de ces doctrines allègue en faveur de sa thèse prouvent également l'antithèse. Si ces raisonnemens étaient justes et solides, ils prouveraient ce que chacun de ces systèmes nie, aussi bien que ce que chacun d'eux affirme. Tous deux auraient donc raison ; et comme un pareil résultat serait contradictoire, et par conséquent impossible, tous deux ont tort.

Nous sommes donc contraints d'admettre des existences de deux genres ; mais admettre deux genres d'existences, ce n'est pas encore connaître à fond ces deux existences. Nous ne connaissons les objets du monde extérieur que par nos intuitions et nos sensations. Nous ne connaissons les facultés de notre ame que par leur application aux objets du monde extérieur et du sens interne. Sans contredit, il se trouve dans tout cela quelque chose d'objectif, de réel, d'absolu, mais aussi quelque chose de subjectif, de phénoménique, de relatif. La difficulté consiste à découvrir des caractères certains qui nous permettent de tracer entre l'absolu et le relatif, le phénoménique et le réel, le subjectif et l'objectif, une ligne de démarcation nette et tranchante.

Du moment où l'on est forcé d'admettre qu'il existe quelque chose de réel, la question se réduit à demander qu'est-ce qu'il y a de réel soit dans l'ame, soit dans le monde extérieur.

Admettrons-nous que tout ce qui se passe dans l'ame a de la réalité, ou bien dirons-nous que quelle que soit la conviction que nous avons de la réalité, nous ne pouvons la signaler nulle part avec certitude?

Telle est la question. L'existence de l'ame et celle du monde extérieur nous sont données par une aperception immédiate qui produit en nous la foi philosophique. Mais cette aperception immédiate nous éclaire-t-elle aussi avec la même certitude sur *la nature* de l'ame et sur celle du monde extérieur, comme sur leur existence ?

S'il existait une aperception immédiate de ce dernier genre, si elle avait lieu, et enfantait en effet, aussi sous ce second rapport, la foi philosophique, il ne faudrait pas demander si nous avons raison de croire de cette manière. La foi consiste précisément en ce qu'on admet quelque chose de certain, sans pouvoir en donner de raison, par une nécessité intérieure et irrésistible.

Tout ce que nous apercevons en nous-mêmes, d'un côté les intuitions sensibles, la réflexion, l'abstraction, les jugemens, les raisonnemens ; et de l'autre les sensations, le sentiment, le désir, la volonté, la liberté, l'action, se passent réellement dans l'ame, comme aussi nous en avons réellement la conscience. A chacune de ces actions et de ces opérations correspondent des facultés ou des pouvoirs de l'ame, et ces pouvoirs ont sans contredit de la réalité.

Mais ces pouvoirs actifs de l'ame ne se manifestent à nous qu'en s'appliquant à des objets. Ces objets nous sont donnés par les sens internes ou externes : dans le premier cas, l'ame les reçoit ; dans le second, elle les reçoit aussi, mais il semble qu'elle les produise, parce qu'ils sortent de son propre sein.

L'ame possède de la réceptivité et de

l'activité. Comme elle ne peut pas exercer l'une sans l'autre, il est évident qu'on ne peut pas distinguer ni séparer ce qui appartient à chacune de ces deux facultés, par une ligne de démarcation nette et tranchante. Leurs opérations sont liées entre elles, comme les effets qu'elles produisent : tous deux, ces pouvoirs concourent de concert à toutes les connaissances que nous acquérons. On ne saurait les décomposer de manière à déterminer quelle est la part qui en revient à chacun d'eux et qu'il faille leur attribuer. L'ame reçoit en agissant, elle agit en recevant; la faculté seule ne mènerait à rien, sans l'objet auquel on l'applique, et l'objet n'existerait pas pour l'ame sans la faculté qui le saisit.

Il est donc clair que si nous refusons à

ce qui s'annonce à nous dans le monde extérieur comme permanent, toute espèce de réalité et d'existence, nous pourrons tout aussi peu attribuer de la réalité aux facultés de l'ame et à l'ame elle-même; car ces facultés ne peuvent être saisies que par les objets auxquels on les applique, et qu'est-ce que l'ame sans les facultés et les pouvoirs qui paraissent en être inséparables? Ce n'est que par des moyens artificiels et par des abstractions subtiles, que nous parvenons à les saisir, et encore n'y réussissons-nous qu'autant que ces facultés ont été appliquées à des objets quelconques, qu'elles ont élaborés, et avec qui elles ont contracté une union aussi mystérieuse qu'intime. De là résulte la difficulté de mettre dans un vrai jour et d'énoncer avec précision ce qu'il y a de réel dans l'ame et dans le monde extérieur, mais il en résulte aussi que nous pouvons et devons être également certains de la réalité de l'ame et de celle du monde extérieur. Pour l'une et pour l'autre, la permanence est le seul caractère auquel nous puissions reconnaître cette réalité.

On dira qu'il y a une grande différence à cet égard entre l'ame et le monde extérieur. Nous pouvons être sûrs de la réalité de notre ame, car nous sommes notre ame; notre ame, c'est nous, et l'un est inséparable de l'autre. Nous ne pouvons pas acquérir la même certitude de la réalité du monde extérieur, car lui et nous sommes deux, objets ou êtres différens, qui ne peuvent jamais se pénétrer et se confondre dans une unité. Comment pourrions-nous nous convaincre de la réalité d'une pierre ou d'un arbre, puisqu'ils ne sont pas nous, et que nous ne sommes pas eux?

Sur quoi repose ce raisonnement? sur une supposition gratuite, ou plutôt sur ce qu'on admet gratuitement ce qu'il s'agirait de prouver. On établit comme un axiome qu'aucun être ne peut être saisi et représenté par une intelligence tel qu'il est, et que pour avoir la connaissance d'un être il faudrait s'identifier avec lui.

Si cette supposition était fondée, il faudrait admettre que l'être infini, l'être souverainement parfait lui-même, que Dieu ne peut pas se représenter les êtres tels qu'ils sont, c'est-à-dire avec vérité. Il s'ensuivrait aussi de cette supposition que les êtres qui ne sont pas doués de la faculté représentative n'existent pour personne, ou plutôt n'existent pas du tout; car ne pouvant pas s'apercevoir, ils n'existent pas pour eux-mêmes.

Nous n'existons pas non plus dans les autres ames humaines, différentes de la nôtre, et cependant on ne doute pas de leur réalité et de la ressemblance de leur nature avec celle de notre propre ame.

Comment le savons-nous? comment en acquérons-nous la certitude et la conviction? Par une intuition immédiate, par un sentiment irrésistible, que les faits confirment, fortifient, garantissent. Le fait décisif dans cette matière, c'est que les hommes parlent ensemble et se comprennent réciproquement, ce qui serait impossible si toutes les ames n'avaient pas la même nature.

Si nous ne pouvons pas connaître à fond le principe du sentiment et de l'action qui se manifeste dans les animaux, cette difficulté ne vient pas de ce que nous ne sommes pas eux, mais de ce qu'ils ont une sorte d'intelligence qui n'est pas faite comme la nôtre. Ils ne peuvent pas nous révéler eux-mêmes la nature de leur sensibilité et de leur intelligence ; d'un autre côté, comme le principe de cette sensibilité et de cette intelligence est invisible, nous ne pouvons pas le saisir par une intuition sensible, ainsi que nous saisissons les qualités matérielles des arbres et des pierres.

De tout ce que nous venons de dire résultent les conclusions suivantes :

Prétend-on qu'il n'existe que des apparences et des phénomènes, et que tout l'ensemble des connaissances humaines repose sur l'union mystique des sens extérieurs et du sens intime ? Ce serait non-seulement déclarer qu'il n'existe pas de réalité, mais encore s'ôter même les moyens de prouver cette thèse. Le terrain qui porterait cette fantasmagorie toujours renaissante, à laquelle devraient aboutir l'univers et l'homme, ce terrain même deviendrait vacillant et mobile. Bien plus, dans tous les systèmes et dans toutes les hypothèses, afin d'éviter de tomber dans les absurdités et les contradictions, il faut pouvoir expliquer les faits, ou du moins les concilier ensemble ; car on ne saurait les nier. Il faut donc aussi pouvoir dans la phénoménologie expliquer ce sentiment de réalité qui accompagne certains phénomènes, et qui les distingue de tous les autres.

S'il y a un système dans lequel ce sentiment de la réalité soit inexplicable ou soit même une contradiction manifeste, il suffit de ce fait pour prouver la fausseté de ce système, et pour déterminer à le rejeter.

Prétendre que l'ame ainsi que le monde extérieur ne sont que de simples phénomènes, admettre en même temps qu'il y a quelque chose de réel caché sous ces phénomènes, que nous ne pouvons saisir, et qui équivaut pour nous à une grandeur inconnue, c'est à la fois nier que nous possédions un instrument ou un principe qui puisse nous certifier la réalité des êtres et nous faire connaître leur nature, et affirmer que nous avons un moyen sûr et infaillible de distinguer les phénomènes de la réalité : car ne faut-il pas posséder un moyen pareil pour prononcer catégoriquement d'un côté, que nous ne saisissons jamais que des phénomènes, que nous ne pouvons parvenir à la réalité, et de l'autre, pour reconnaître et affirmer son existence? Ainsi ces affirmations et ces négations se contredisent elles-mêmes et se détruisent réciproquement.

Prétend-on que tout ce qui se passe dans l'ame, ses actions, ses facultés, ses affections et ses sentimens, ont de la réalité, mais que le monde extérieur en est entièrement dépourvu? Dans ce cas, il faut convenir que tout va s'abîmer dans le néant, que toute réalité cesse, ou bien l'on se contredit soi-même, et l'on nie d'un côté ce que l'on affirme de l'autre. Car de deux choses l'une : ou la conscience que nous avons de la réalité, conscience qui nous permet de distinguer l'ame du monde extérieur et d'opposer l'une à l'autre, n'est qu'une vaine et pure illusion, et ne prouve rien; ou cette conscience est la base et le fondement d'une foi raisonnable, et emporte avec elle une évidence irrésistible, et dans cette supposition cette évidence est la même pour la réalité du non moi, que pour celle du moi, car toutes deux nous sont également données dans la conscience.

Si les intuitions du monde sensible ne nous éclairent pas sur sa réalité, si nous ne pouvons par conséquent savoir avec certitude qu'elle existe, ni comment elle existe, nous sommes aussi forcés de dire que nous ne pouvons savoir si nos facultés intellectuelles et leurs différentes opérations ont de la réalité. Ces facultés s'exercent sur les objets sensibles, que le monde sensible nous offre ou qu'il paraît nous offrir. Nous ne saisissons et n'apercevons ces facultés, que dans leur union et en vertu de leur liaison intime avec les objets qui nous sont donnés par le monde sensible. L'essence de l'ame est sans doute différente de ce qu'elle est, ou paraît être, dans tel ou tel de ses effets, comme aussi le monde extérieur diffère dans la réalité de ce qu'il est ou paraît être dans les intuitions. La conséquence qu'on tirerait de cette différence contre la certitude et la réalité du monde extérieur, s'appliquerait également au monde intérieur; ils se soutiennent réciproquement ou tombent ensemble. Le raisonnement qu'on élève contre l'un les atteint tous deux, ou n'en frappe aucun. Il ne peut pas être vrai à moitié.

Du moment où l'on admet que, sous le monde phénoménique, ou derrière lui, il existe une réalité que l'on est obligé de reconnaître et de croire, sans pouvoir la démontrer, on tomberait dans une grave inconséquence en niant l'existence réelle de l'ame et de l'univers, par la raison qu'on ne peut démontrer ni l'une ni l'autre. L'entendement, et cette raison méthodique qui procède par voie de raisonnement et qui n'est que l'entendement à son plus haut degré d'élévation et de force, peuvent aussi peu nous donner quelque chose de réel que créer. Comment pourrait-on prétendre de ces facultés qu'elles nous donnent l'existence de l'ame et celle de Dieu? On imagine que ne pouvant nous prouver leur existence, elles puissent nous prouver d'une manière apodictique leur non-existence. Les sens peuvent tout aussi peu nous donner Dieu et l'ame, car ni l'un ni l'autre n'appartiennent au monde visible. Mais il est une raison supérieure à l'entendement et à tous les raisonnemens, une raison qui n'emprunte rien des sens et qui seule peut nous donner les existences. Dans le nombre innombrable des intuitions sensibles et des sensations, cette raison nous révèle quelque chose qui nous force à reconnaître l'existence réelle du monde extérieur. Dans le nombre innombrable des effets et des opérations du sens intime, cette même raison nous manifeste la réalité de notre intelligence et de notre liberté; et dans notre liberté et notre intelligence, l'existence et la réalité de l'intelligence et de la liberté souveraine nous sont données.

IV.

RELIGION.

La religion est le lien mystérieux et invisible qui unit les êtres finis avec l'infini, les intelligences libres mais bornées, avec l'intelligence et la liberté de l'être éternel et absolu.

S'il n'existait pas un être suprême, ou une personne souveraine, intelligente et libre, mais seulement un principe absolu, aveugle, nécessaire; si les ames humaines n'étaient pas des êtres réels, si chacune d'elles n'était pas une véritable substance différente et indépendante de toutes les autres, il n'y aurait point de religion, et ce mot n'aurait pas de sens. Il est aussi révoltant qu'absurde d'appeler du nom de religion je ne sais quelle vapeur mystique qui s'élève du sein d'une autre vapeur décorée du nom d'homme, pour aller se briser avec lui contre le rocher inconnu, indestructible, éternel de l'existence primitive et universelle. Cette existence universelle est indéfinissable, elle est tout et elle n'est rien, elle enfante la longue succession des apparences, qu'on revêt du nom d'êtres, et elle-même n'est pas un être réel.

Dieu, l'ame, la liberté, l'immortalité, sont des vérités certaines intimement liées ensemble, mais qui se refusent à toute espèce de démonstration, et sont d'autant plus évidentes, qu'elles ne peuvent pas être prouvées.

Il y a des vérités qui sont données à l'homme, soit par la conscience que nous en avons, soit par une intuition directe et une voix immédiate de la raison. Tout ce qui nous est donné de cette manière primitivement est certain, et tout ce qui est certain l'est en vertu d'un sentiment indivisible et irrésistible, et non en vertu d'un travail d'analyse ou d'une construction savante mais arbitraire.

Il résulte de là que les vérités qui sont du domaine du monde invisible, ont le même genre de certitude que les intuitions des sens et les principes. Les premières, en tant qu'elles s'annoncent à nous comme objectives, forment le monde sensible; les principes, quand ils ne sont pas purement régulatifs, mais constitutifs, forment le monde et le domaine de la pensée. Tous deux nous sont donnés. On ne peut pas démontrer l'existence du monde sensible ; ceux qui l'ont essayé ont ébranlé et affaibli ce qu'ils voulaient établir, et cependant qui doute de cette existence? On ne peut pas démontrer les premiers principes. S'ils avaient besoin de preuves, et que la démonstration en fût possible, ils cesseraient d'être des principes, et deviendraient des conséquences. On doit en dire autant des existences du monde invisible. Ainsi, tout ce qui tient aux existences nous est donné.

On ne peut pas plus connaître l'essence de la divinité, qu'on ne peut prouver son existence. Car elle est le fondement de toutes nos connaissances comme elle est celui des existences. L'homme ne connaît parfaitement que ce qu'il fait ou produit lui-même. C'est ainsi qu'il connaît à fond les ouvrages de l'art que son génie enfante. Le but et le moyen lui appartiennent alors également. L'homme peut démontrer les vérités dérivées; mais il ne saurait faire la même chose avec les vérités premières, dans le sens le plus strict et le plus élevé du mot. Mais comme l'existence de Dieu est donnée à l'homme dans la conscience, il peut savoir aussi par une intuition intérieure ce que Dieu est ou n'est pas. Il croit à son existence et à ses attributs.

De cette manière, l'homme sait que Dieu est un esprit, un être intelligent et libre, une personne. Notre science et notre foi ne vont pas plus loin à cet égard.

On demandera de quelle nature sont cette intelligence et cette liberté que nous attribuons à l'être suprême. Dès que nous essayons de déterminer cette nature et de préciser ses traits, nous nous perdons dans l'incompréhensible. Pour peu que nous voulions énoncer de quelle manière cette intelligence voit les objets, comment cette liberté agit, nous risquons toujours d'emprunter involontairement les caractères que nous leur donnons de notre intelligence et de notre propre liberté, et de tomber ainsi dans l'anthropomorphisme.

L'intelligence et la liberté de Dieu ne peuvent pas ressembler à la nôtre. Nous pouvons dire avec certitude ce que la divinité n'est pas, mais nous ne saurions connaître sa nature. En faisant abstraction de toute espèce de limites et des imperfections, de quelque genre qu'elles soient, nous pouvons dire : « L'intelligence de Dieu consiste dans la vue universelle, objective, continue de tout ce qui existe ; sa liberté, dans le pouvoir qu'il a eu et qu'il possède toujours de commencer la longue série des actions qui constituent l'univers, sans qu'il soit nécessaire de faire précéder ce grand effet d'autre chose que de la volonté de le produire. »

En parlant de Dieu, il faudrait éviter jusqu'à l'ombre de l'anthropomorphisme, et il n'y a rien sans doute de plus difficile. Mais traiter des attributs de Dieu en laissant de côté tout ce qui dans la nature de l'homme est corporel, sensible, relatif, éphémère, individuel, fini, limité, et conserver uniquement pour l'afférence de Dieu ce qui est inséparable de l'idée d'une personné, c'est-à-dire l'intelligence et la liberté, sans s'arroger le droit de prononcer sur la nature divine, ce serait professer une doctrine qui ne pourrait encourir le reproche d'anthropomorphisme. On le pourrait d'autant moins que nous ne serions pas parvenus à cette hauteur sur l'échelle de l'abstraction et de la réflexion, mais par une intuition intellectuelle qui nous a révélé le Dieu-personne. Dans cette doctrine se manifesterait une objectivité qui ne nous permettrait pas de douter de sa certitude.

La conscience nous donne la réalité de notre propre existence, et en elle la réalité de l'être infini.

L'ame nous est donnée dans et par la conscience que nous avons de nous-mêmes.

Elle nous est donnée comme une force, et comme une force intelligente et libre. Cette réalité est d'autant plus indubitable que nous la saisissons d'une manière immédiate. Elle est nous, et nous sommes elle. L'antithèse de cette thèse, ce qui n'est pas nous, et nous est cependant donné par le moi et dans le moi, répand sur l'aperception du moi encore plus de clarté et d'évidence. Le moi nous force de croire à l'univers et à nous mêmes, et si nous voulions en douter, nous ne croirions absolument rien.

Dieu est donné à l'ame dans l'ame elle-même. La conviction de l'existence d'une raison première et d'une liberté souveraine est inséparable de la conviction que nous avons de notre propre intelligence et de notre propre liberté. La liberté a des affinités électives avec la liberté, et ne peut se concilier avec une nécessité absolue. L'ame ne peut se défendre de croire à une existence absolue, et cette foi a sa racine dans les profondeurs de notre être. Mais nous croyons, non à une existence vague, mais à un être intelligent et libre dans le sens absolu du mot.

Dans tous les systèmes on admet qu'il existe quelque chose de nécessaire. Il s'agit dans tous les systèmes de faire dériver de cette existence nécessaire toute l'immense variété des existences éphémères et variables, et de les mettre en harmonie avec elle. Or tous les systèmes qui ne partent pas d'un Dieu-personne, conduisent à des absurdités que l'on n'évite qu'en croyant à cette existence, sans essayer de la démontrer ni de l'expliquer.

La matière et le mouvement doivent-ils être le principe absolu ? On ne verrait pas comment il pourrait y avoir quelque chose d'immuable dans la matière, dont l'essence est une métamorphose continuelle, ou dans le mouvement qui a toujours une direction, mais dont la direction change sans cesse. Il entre dans la notion de matière, que chaque matière ait une forme déterminée, et l'on ne peut pas non plus concevoir le mouvement sans une direction déterminée. Un mouvement général et absolu, une forme absolue, sont également absurdes.

Le principe absolu est-il une force intelligente et libre ? On ne peut pas concevoir une intelligence pareille sans une pensée et une volonté déterminées. Elle sera donc aussi variable ; il faudrait donc admettre que cette intelligence embrasse tout, que cette volonté veut la totalité des existences, c'est-à-dire l'univers, et que cette liberté l'a produit : mais une force pareille serait le Dieu-personne. Alors seulement on peut attribuer au principe absolu l'immutabilité. Alors on peut aussi mettre les forces finies en harmonie avec la force infinie; car quoiqu'elles soient à une distance infinie l'une de l'autre, elles sont de même nature.

Ne voit-on le principe absolu ni dans la matière, ni dans une force, ni dans une intelligence première, on ne peut entendre par ce mot que la totalité des existences; mais chacune d'elles est éphémère et variable, on ne voit donc pas comment il se ferait que la totalité des existences eût des caractères opposés. Parler encore dans ce système d'un principe absolu, ce serait mettre à la place des choses des mots vides de sens.

On dira, reste la nature, comme principe absolu; mais qu'est-ce que l'on entend par le mot nature? Qu'est-ce que cette nature qui doit être une unité et qui cependant, comme Protée, revêt toutes les formes possibles, qui réunit tout en soi, et qui n'est toutefois rien de ce que nous apercevons?

Le mot nature doit-il signifier l'ensemble de tous les êtres et de toutes les forces dont se compose l'univers? Dans ce cas, la nature ne serait qu'une abstraction, et la réalité n'existerait que dans les êtres individuels. Mais la nouvelle philosophie allemande refuse aux êtres individuels toute espèce de réalité et d'existence positive. Ils ne sont pas même des apparences de quelque chose de réel ; ils ne sont rien. La nature est-elle un être? Quelle espèce d'être sera-t-elle? Sera-ce un corps ou un esprit? Dans la première supposition, elle ne serait pas l'être absolu, primitif, nécessaire, universel. Elle serait un être composé. Or tout être composé a commencé, et peut se dissoudre et finir. Dans la seconde supposition, la nature serait un être spirituel. Il faudrait donc lui attribuer l'intelligence et la liberté. Elle ressemblerait beaucoup au Dieu-personne que cette philosophie rejette, et dont elle nie l'existence. Bien plus, cette philosophie nie l'existence réelle de la nature, et repousse l'individualité sans laquelle on ne saurait concevoir l'existence. Or une force n'existe jamais sans organe et sans être liée à une matière quelconque, à moins que cette force ne soit une force infinie, intelligente et libre. Mais une force pareille serait un être individuel, et nous avons déja vu que la philosophie de la nature n'en admet pas. Enfin dans ce système que produirait une force de ce genre? Selon lui, il n'existe pas de véritables êtres, ni même des apparences proprement dites. Des apparences supposent des objets qui apparaissent à des sujets, et la philosophie de la nature prétend que les objets neutralisent les sujets, que les sujets font la même chose relativement aux objets, et que tout va se perdre dans une indifférence totale.

Selon ce système, la nature absolue, éternelle, immuable, existe sans exister d'une manière déterminée; elle crée sans cesse, et cependant, dans le fait, elle ne crée rien, car rien n'existe. Pénélope détruisait la nuit l'ouvrage du jour, et ne produisait rien de durable. La nature fait moins encore, elle n'amène rien de réel : elle paraît travailler, et son travail n'aboutit à rien. Que reste-t-il de cette activité stérile? L'existence sans êtres, la production sans produits véritables, un fantôme, une vapeur, un mot vide de sens; *natura naturans et numquam naturata.*

Le système atomistique n'est pas plus satisfaisant que le système de la philosophie de la nature, et n'explique pas mieux que lui l'origine des êtres. Dans ce système, des élémens innombrables sortent successivement du sein de la nature et s'y abîment de nouveau. Les uns se manifestent aux sens, les autres se dérobent à eux; tous ensemble sont continuellement mis en œuvre dans de nouvelles combinaisons, et subissent sans relâche des métamorphoses nouvelles. Dans ce système, on n'admet qu'une seule espèce d'élément. Toutefois les élémens dont se composent les différens corps ne paraissent nullement homogènes, et ce n'est que par des tours de force qu'on peut les rapporter et les ramener à une même classe. Les êtres auxquels ces différentes combinaisons donnent naissance, sont eux-mêmes trop différens pour qu'on n'admette pas des élémens différens les uns des autres. Quand on pourrait admettre que tout est matériel dans l'univers, quand on pourrait nier l'intelligence et la liberté souveraine, quand tous les êtres ne seraient soumis qu'aux lois du mouvement et à celles des affinités électives, on ne voit pas pourquoi l'on ne donnerait pas au système atomistique plus de force et de consistance, en admettant des élémens spécifiquement différens, qui formeraient les êtres en s'unissant par leur attraction naturelle, ou par des opérations organiques. Modifiée de cette manière, la philosophie de Leucippe, de Démocrite, d'Epicure, paraîtrait toujours encore absurde et contradictoire, mais elle le serait moins que sous sa forme actuelle. Ce qu'il y a de certain, c'est que comparé à la vaine et fastueuse terminologie, et au vide parfait de la philosophie de la nature, le système atomistique, avec quelques changemens et corrections, mériterait la préférence. Une matière éternelle dans un mouvement perpétuel, dans laquelle des élémens hétérogènes se succédant les uns aux autres, s'attirant ou se repoussant, enfantent toute la variété des êtres, qui une fois produits, se propagent à leur tour selon des lois immuables; un tel système contient du moins quelque chose de réel, il a sur la philosophie de la nature le grand avantage d'admettre un être éternel et réel, et des êtres qui paraissent et disparaissent, naissent et meurent. Cette réflexion ne tend pas à donner raison à l'athéisme des matérialistes; car pour offrir quelque chose de plus positif que la philosophie de la nature, il n'en est pas moins un tissu de contradictions. Il demeure à jamais incompréhensible dans ce système, comment la matière peut être en même temps immuable et changeante, comment le mouvement est possible sans une impulsion première, et comment le mouvement en général pourrait être essentiel à la matière ; car le mouvement en général est une absurdité, et tout mouvement a toujours une direction particulière. On comprend tout aussi peu, comment l'immense variété des mouvemens qui se suivent sans interruption, pourrait être accidentelle, et comment d'un autre côté, tous les mouvemens particuliers dont se compose la scène mobile de l'univers, peuvent être également nécessaires et essentiels à la matière. Surtout, il resterait toujours incompréhensible comment il serait possible de concilier l'unité de la conscience ou de la pensée avec la pluralité qui forme pour nous l'essence de la matière, en sorte qu'on fît dériver l'une et l'autre du même principe, ou qu'on trouvât dans l'une la cause de l'autre.

Toute philosophie qui ne part pas de

Dieu et ne ramène pas tout à Dieu, est par là même déja une philosophie manquée et fausse. Sans le principe et la source de toute lumière, les clartés isolées, plus ou moins vives et brillantes qui s'élèvent çà et là, sont toujours imparfaites, insuffisantes, souvent même dangereuses et funestes. Que sert-il d'ouvrir des fenêtres à la lumière dans la maison qu'on habite, si le soleil vous manque et vous refuse ses bienfaits? Question que l'on pourrait faire à ces prétendus philosophes, qui se donnent beaucoup de peine pour ouvrir l'esprit humain à la vérité, et qui le ferment à la connaissance de Dieu.

Sépare-t-on trop l'univers de l'intelligence, et l'isole-t-on de la pensée créatrice; admet-on qu'il a dépendu de Dieu de créer ou de ne pas créer, de produire un certain monde ou un autre soutien, ou, dans le sens strict du mot, que l'univers a commencé comme tout autre évènement dans le temps et dans l'espace? Alors l'univers et la création paraissent incompatibles avec l'éternité et l'immutabilité de Dieu. Laisse-t-on à l'univers son indépendance, ne le regarde-t-on que comme une émanation de l'intelligence infinie, éternelle comme Dieu, et dans lequel la succession n'est qu'apparente, on confond et mêle Dieu avec l'univers et on les unit d'une manière qui touche au spinosisme. Déterminer avec précision les rapports de l'univers et de Dieu, dépasse la portée de l'intelligence humaine ; nous devons nous borner à dire : Dieu existe, ainsi l'univers existe; ou l'univers existe, ainsi Dieu existe.

On peut dire du théisme en général ce que Bâcon disait des causes finales : ce sont des vierges consacrées à Dieu, mais stériles. Le théisme n'explique pas les faits de la nature dans la grande chaîne des causes et des effets, il ne rend raison d'aucun phénomène particulier; chaque fait, chaque état, chaque action, doivent, dans ce système comme dans tous les autres, être expliqué par ce qui a précédé. Mais le théisme résout en général le grand problème de l'existence de l'univers et de la nature, ou plutôt il fait disparaître la contradiction qu'il y aurait à vouloir expliquer la nature par elle-même. Un acte d'une intelligence et d'une liberté souveraine doit avoir précédé l'existence de la nature. Un acte pareil est un fait que la raison nous force d'admettre. Un acte de ce genre est incompréhensible, mais il doit nécessairement avoir eu lieu. La nature, cette succession continuelle de causes et d'effets, de naissances et de morts, est un fait qui ne saurait être expliqué par un fait du même genre. Le fait de la nature nous conduit donc nécessairement à admettre un autre fait différent de lui, et auquel ce dernier doit sa naissance.

On nomme ce fait auquel la nature doit son origine, pour le distinguer de tout autre, la création. Dans le sens propre du mot, on ne peut pas concevoir ce fait, ni expliquer la nature dans sa totalité ou dans quelqu'une de ses parties. On ne conçoit, ne comprend, n'explique jamais que ce qui se fait selon l'ordre de la nature, ou ce qui appartient à cet ordre; on déduit des effets naturels de causes naturelles; ces causes sont autant de chaînons de la grande chaîne qui tout entière est soumise aux lois de la nature, et ces lois ne sont autre chose que des faits généralisés.

Pour que la création pût nous expliquer l'existence de l'univers, il faudrait que nous puissions comprendre la création, ce qui est impossible. Nous ne comprenons proprement que ce que nous produisons nous-mêmes, ou ce qui naît et se forme sous nos yeux en vertu de notre action, par exemple, les figures de géométrie ou les ouvrages de l'art, ou les résultats de certaines compositions et décompositions.

Sans doute l'essence de la philosophie consiste à chercher et à trouver les raisons et les causes : elle tâche de s'élever jusqu'à la cause des causes, et la raison des raisons. Selon que cette cause des causes sera un être intelligent ou une substance dépourvue de toute espèce d'intelligence, il sera question de raison, ou il ne faudra pas même en parler. La raison est la pensée de l'effet, qu'une certaine cause peut et doit produire; une pensée qui précède l'action de la cause, et le phénomène de l'effet; une pensée que l'intelligence saisit et approuve avant qu'elle l'exécute et la réalise. La raison de faire une chose est son principe idéal; la cause est son principe réel. La cause consiste toujours dans une force et suppose une existence. La raison ne peut exister que dans une intelligence qui peut et veut expliquer les causes par les pensées qui les précèdent. Une raison n'a rien de substantiel en elle-même, bien moins encore est-elle une substance. A la suite de raisonnemens, en descendant du principe à la conséquence, ou en remontant de la conséquence au principe, on peut arriver à un principe qui n'aura plus sa raison dans un autre principe, mais en lui-même. Mais un principe pareil n'est pas un principe actif et productif, en un mot une cause. Quand on confond ces deux expressions, on confond l'idéal avec le réel, et au lieu d'un système métaphysique on n'a que des combinaisons logiques.

Il y a deux sortes de causes : celles qui agissent avec connaissance et dessein, et celles qui agissent sans l'un ni l'autre. Dans le système où Dieu et la liberté sont les points de départ et les termes auxquels tout aboutit, les causes qui n'ont pas la raison de leur action en elles-mêmes l'ont en Dieu, et l'activité des forces qui agissent avec dessein a son principe dans la liberté. S'il n'existait point de liberté, toutes les causes agiraient d'après les lois éternelles de la nature, sans le savoir et sans le vouloir; et des causes qui sauraient qu'elles agissent, qui veulent agir mais qui ne pouvant sentir que ce qu'elles sentent, et ne pouvant savoir que ce qu'elles savent, ne peuvent aussi vouloir que ce qu'elles veulent, et agissent aussi nécessairement que les premières. Une cause aveugle détermine irrévocablement l'action d'une autre cause dans le monde physique. Une raison déterminerait d'une manière tout aussi absolue une cause dans le monde moral, s'il n'y avait pas de liberté. L'effet serait le même dans les deux cas, et dans l'un comme dans l'autre également inévitables. Les forces seraient différentes, les poids seraient différens, le résultat des forces serait également nécessaire.

L'existence absolue, éternelle, indépendante, d'une intelligence libre et infinie, n'est pas le dernier terme de toute science, mais elle en est la base et le fondement. C'est une grande erreur de croire que l'on peut arriver et parvenir à Dieu par les voies de l'abstraction et de la réflexion. Ces facultés sont en effet les degrés de l'échelle du raisonnement. Mais ni l'abstraction ni la réflexion ne peuvent nous donner la réalité des existences. Ce sont les moyens par lesquels nous dégageons et libérons l'existence de ce qui la couvre, la cache, la dérobe à nos regards. Ces procédés sont fort bornés dans leur application, très délicats et peu sûrs; ils ne sauraient nous conduire au monde invisible. Il faut donc partir de Dieu, et nous le pouvons, parce que nous le trouvons en nous-mêmes.

On doit croire à Dieu, à la liberté, à l'immortalité, parce que ces vérités nous sont données dans notre intérieur, mais non parce qu'elles sont nécessaires à la vertu et au bonheur, ni pour satisfaire une tendance secrète de l'ame à l'absolu et à l'infini. Ce serait convertir un désir ou un vœu en principe, un besoin dans une réalité, et faire de la philosophie une véritable poésie. Si ces grands objets, ces vérités éternelles ne nous étaient pas données d'une manière ou d'une autre, nous n'y parviendrions jamais, quelles que soient les affinités électives que nous avons avec elles. Dans cette supposition, nous pourrions dire avec raison que, sans l'existence de l'absolu et de l'infini, notre nature serait une énigme, qu'il y a une anomalie frappante entre ce que nous sommes et ce que nous voudrions être, entre ce que nous possédons et ce que nous voudrions obtenir et saisir. Mais admettre par des raisons de ce genre l'existence de l'absolu et de l'infini, ce serait les admettre gratuitement. On ne peut pas appeler cela du nom de foi ; ce n'est pas croire, c'est désirer de pouvoir croire.

Ou l'on part de la liberté première d'un Dieu-personne, parce qu'elle nous est donnée dans notre propre personne et notre propre liberté ; ou bien il faut partir d'une nécessité d'airain aussi aveugle qu'irrésistible. Il n'y a pas de troisième système. Ou l'univers se développe comme un grand arbre qui n'a pas été planté de main d'homme, qui porte en même temps des fleurs et des fruits, et qui se renouvelle et se régénère lui-même, ou bien avant l'existence de toutes les forces, avant toutes les formes que prend la végétation et la vie, formes qui se cristallisent, se propagent, se métamorphosent de toutes les manières possibles, il existe une pensée créatrice et une action libre, auxquelles tout doit l'existence.

Ou l'univers est une grande mécanique douée d'un mouvement éternel, qui n'a pas commencé, qui ne finira jamais, qui à mesure que quelques-unes de ses parties sont écoulées, se remonte d'elle-même sans qu'on sache comment, pourquoi, et à quelle fin; ou bien cette mécanique a une origine et un but. Cette origine n'est autre qu'un acte libre, ce but est une pensée qui a précédé l'existence, ou qui a toujours co-existé avec elle. Cette pensée est la raison, cet acte de liberté, la cause de l'univers. La liberté ne fait pas sans doute disparaître une certaine nécessité dans le système de l'univers. Cette nécessité de la nature physique est un fait. Les existences sont-elles une fois données, elles se développent et agissent réciproquement les unes sur les autres, et d'après des lois uniformes et constantes. Mais la liberté est un autre fait que nous sommes forcés d'admettre avant celui de la nécessité. Ces deux faits conduisent l'un à l'autre; ils se supposent réciproquement, mais nous ne sommes pas en état de comprendre leur liaison mystérieuse. Le premier fait produit le second. La liberté est la condition de la nécessité, et sans que nous puissions expliquer comment cela se peut, ni même soupçonner la clé de cet impénétrable secret.

Cet acte de la liberté que nous admettons comme un fait avant de reconnaître la nécessité conditionnelle de la nature, est ce qu'on nomme la création. On ne peut ni concevoir ni expliquer comment cet acte a produit la nécessité; et cette dernière n'en reste pas moins incompréhensible. Mais il est impossible de trouver dans la nécessité un point d'appui fixe sur lequel on puisse reposer avec confiance. Elle nous force d'admettre un fait d'un autre genre. Le mystère de la nécessité ne se présente pas seul, il nous force de croire à un autre mystère. Ils tiennent intimement l'un à l'autre et nous sont donnés ensemble et en même temps. Le mystère de la nécessité se trouve dans l'enchaînement de la nature; celui de la liberté repose en Dieu.

L'être absolu, le Dieu-personne possédant l'intelligence et la liberté, fait évanouir les contradictions que présenterait sans lui une nature qui s'enfanterait et se régénérerait elle-même; doctrine absurde, et que cependant, abstraction faite de la divinité, il faudrait admettre. Le comment de la création demeure toujours une énigme insoluble. Mais aussi dans tous les autres systèmes où l'on essaie d'expliquer la nature par elle-même, quand on voudrait passer au-dessus de cette contradiction, comme il faut toujours admettre quelque chose d'absolu, on retombe toujours dans les mêmes difficultés et l'on comprend aussi peu que dans le théisme, comment l'absolu a pu produire l'inconditionnel, et comment la nécessité sortant d'elle-même de son existence sombre, immobile, indestructible, pour donner la vie à ce nombre innombrable d'êtres éphémères qui se succèdent, se croisent, paraissent et disparaissent, dans leur danse non interrompue.

Du moment où dans un système sur la nature et l'origine de l'univers où l'on admet un Dieu-personne, l'admiration peut et doit trouver sa place, la beauté du monde devient un ouvrage de l'art : on peut alors admirer l'art et l'artiste. Dans le système opposé où l'on ne reconnaît ni une raison, ni une liberté souveraine, mais ou règne sans partage et sans contrôle une nécessité aveugle, étrangère à toute pensée et à toute volonté, produisant des effets pour les détruire, et les détruisant pour les enfanter de nouveau, il n'existe au fond rien de beau, d'intéressant, rien qui soit digne d'admiration : car des intelligences ne peuvent admirer que l'intelligence. L'admiration suppose dans ceux qui l'éprouvent un certain degré de connaissance et un certain degré d'ignorance ; de là vient que toutes les intelligences finies admirent l'univers, du moment où leur ignorance n'est plus totale, et où ils comprennent quelque chose à l'univers, quoique la plus grande partie leur demeure toujours incompréhensible. L'échelle de l'admiration traverse ainsi le monde entier des intelligences. Elle s'élève avec la science, mais elle suppose toujours une science imparfaite. L'admiration ne peut donc exister que dans un système où l'on part du principe que la pensée a précédé l'être, que les causes sont des moyens, et que les effets sont autant de fins particulières, subordonnées à des fins générales. Dans le cas contraire, l'admiration devient impossible.

En resserrant tout ce que je viens de développer, il me paraît qu'on peut en déduire les conséquences suivantes.

L'intuition intérieure nous révèle l'existence de Dieu, de l'ame, de la liberté; mais elle ne nous donne pas le moyen de les concevoir, ni de les comprendre. Les mystères de leur essence restent toujours inaccessibles. Notre science se borne à savoir que l'ame est une personne, que Dieu est une personne; que dans l'un comme dans l'autre, la liberté existe, et que la liberté est la puissance de commencer une action ou une série d'actions, sans que des circonstances antécédentes les déterminent et les amènent.

Cependant on ne saurait dire avec vérité que nous n'avons de Dieu qu'une idée négative. Savoir qu'il est une personne est quelque chose de positif ; toute personne a son individualité, cette individualité est celle d'une force active douée d'intelligence et de liberté. Dans l'homme, l'individualité est inséparable des bornes de son intelligence et de sa liberté. En tant qu'il a la conscience de ses pensées, il a de l'intelligence ; en tant qu'il a le sentiment de sa force active, d'une force qui ne dépend que d'elle-même, il est une intelligence libre. Cette intelligence et cette liberté rencontrent de la résistance dans le monde de la part d'autres forces qui s'opposent à elle, dont elle triomphe quelquefois; mais qui plus souvent triomphent d'elle. Cette résistance donne à l'homme la conviction d'un monde extérieur, qui se confond aussi peu avec lui, que lui-même croit être identique à ce monde. Au contraire Dieu est une personne libre et intelligente qui possède au plus haut degré le sentiment de sa force. Cette force est infinie. Ainsi cette intelligence embrasse tout, et cette liberté peut tout ce qui est possible, ou plutôt elle n'a d'autres limites que le possible. La conscience que cette intelligence a d'elle-même n'est pas associée à l'idée de résistance, car rien ne résiste à cette force. Mais cette conscience n'en est pas moins réelle, et cette conscience d'une force infinie est le principe de la personnalité de Dieu.

Quand on dit que Dieu est l'être absolu

et infini, ce ne sont pas là des négations, mais des affirmations, des affirmations primitives, qui sont la base générale de toute affirmation, et sans laquelle tout ne serait que négation.

Qu'on ne se laisse pas tromper ni égarer par des mots. Il est des idées positives qui par une singularité de la langue sont exprimées d'une manière négative. Il est par contre des idées négatives qui dans l'expression paraissent positives.

L'ombre est une idée négative; c'est la négation de la lumière, et cependant le mot est positif. L'infini est une idée positive; c'est ce qui réunit tout, ce qui ne peut ni augmenter, ni diminuer, et cependant le terme est négatif.

V.

DE LA LIBERTÉ MORALE.

La question de la liberté et de la nécessité est le problème le plus important et le plus difficile de toute la philosophie : on pourrait même dire, sans exagération, que la philosophie tout entière se trouve dans ce problème.

Nous sommes convaincus de notre liberté par l'effet d'une intuition interne et immédiate. Cette intuition, c'est celle de notre force. La conscience que nous en avons est associée à un sentiment : nous sentons qu'il dépend de nous d'exercer cette force dans un sens ou dans un autre. Au contraire, nous ne pouvons être convaincus de l'enchaînement de tous les êtres que par un raisonnement : ce raisonnement est à la vérité fondé sur des faits; mais l'enchaînement de toutes choses lui-même n'est pas un fait, et ne peut jamais être regardé comme tel. Il n'est ni un fait simple, ni un fait composé, qui puisse nous être révélé par l'intuition. L'enchaînement général des choses, enchaînement nécessaire, est une vérité dont nous sommes redevables à la réflexion de l'entendement; car l'entendement seul saisit les rapports, et nous conduit à les connaître.

Il résulte de ce développement que nous ne pouvons jamais avoir de la nécessité une conviction qui soit plus forte et plus inébranlable que la conviction que nous avons de notre propre liberté.

La nécessité de l'enchaînement de toutes choses hors de nous, la nécessité de ce qui existe et de ce qui arrive, est évidente aux yeux de l'esprit ; mais cette connaissance n'est jamais qu'une connaissance médiate et indirecte.

Dans tous les systèmes on admet, comme nous l'avons vu, une existence absolue, nécessaire, immuable, et nous sommes forcés d'en admettre une pareille. Toutes les autres existences, ou tous les autres phénomènes dérivent et émanent d'elle : elles sont par là même aussi nécessaires que cet être absolu. Si cette existence absolue n'était pas un être libre et raisonnable, il en résulterait que la nécessité détruirait toute espèce de liberté dans le monde, ou serait incompatible avec elle. Mais du moment où l'on admet un Dieu-personne, la chose prend une autre forme et se présente sous un autre point de vue. On peut et doit admettre alors que la raison et la liberté souveraines ont créé par une activité spontanée d'autres êtres semblables à elles, et il s'établit entre tous les êtres libres des affinités électives.

Sans contredit, il faut que la liberté et les actions qu'elle enfante se réunissent quelque part dans les profondeurs de l'existence, avec la nécessité des actions qui ne sont pas libres; car ces deux séries d'actions et d'effets ne peuvent pas ressembler à deux fleuves qui couleraient à côté l'un de l'autre. Leur union doit avoir lieu quelque part, et elle doit être possible, sinon c'en serait fait de l'unité de l'univers, et il ne pourrait jamais en être question. Mais la nature et le comment de cette union demeureront toujours une énigme.

L'ame est une force libre; nous le sentons. C'est là une de ces vérités que nous saisissons d'une manière immédiate. Contre cette conviction viennent échouer tous les raisonnemens en faveur du fatalisme, quelque victorieux qu'ils paraissent en eux-mêmes, et quelque difficile qu'il puisse être de les réfuter.

Cette liberté consiste dans la puissance de commencer une série d'actions simplement parce qu'on le veut, abstraction faite de tout ce qui peut nous déterminer à une action, et incliner notre penchant, ou décider notre résolution.

La liberté n'est soumise qu'à une seule condition, c'est qu'une représentation ou une idée doit précéder ses actes.

Malgré les limites qui entravent et resserrent notre liberté, avec et en elle nous est donnée la liberté infinie de l'être nécessaire; car la liberté ne peut être créée que par la liberté, et ne peut dépendre que d'elle.

Nous ne pouvons pas comprendre ni concevoir cette liberté de l'être infini, encore bien moins expliquer d'une manière satisfaisante quels sont les rapports qu'elle soutient avec les êtres infinis, soit comme principe créateur, soit comme principe conservateur ; mais nous sommes dans la nécessité d'admettre son existence ; nous y sommes en quelque manière forcés, parce que nous saisissons ces rapports, en vertu et au moyen de l'instinct intellectuel et d'une intuition immédiate.

En admettant la liberté et la nécessité, on conçoit sans doute aussi peu la nature et les bornes de l'une que celles de l'autre.

On ne sait pas précisément où l'une finit et où l'autre commence ; mais, comme il est impossible de déterminer au juste la mesure de notre liberté, il vaut beaucoup mieux sous le point de vue moral, exagérer sa force que sa faiblesse, lui accorder trop que trop peu, et étendre et reculer ses limites, que de les rétrécir et de les resserrer.

Autant une action paraît libre avant qu'elle se fasse, ou bien dans le moment où elle a lieu, autant elle paraît irrévocable du moment où elle est consommée. On doit donc croire à la liberté avant l'action, et l'on peut pourtant après l'action croire à sa nécessité.

Dans le système de la nécessité, tout se réduit à un pur mécanisme. La pensée, la volonté et les lois que ces forces suivent, le sachant et le voulant, sont tout aussi mécaniques, du moins à juger par les apparences, que les mouvemens des corps célestes, et les lois auxquelles ils sont soumis. Du moment où l'on n'admet pas l'intelligence directrice, où il n'y a plus de choix ni de but, ni de moyens, et où l'on ne voit de liberté nulle part, il n'y a plus rien de beau, ni rien de difforme, point de vertu ni de vice, point d'ordre ni de désordre, rien de bon ni rien de mauvais. Tout se réduit et se borne à dire : *ce qui est, est.*

Ce n'est pas le tout de reconnaître un ordre moral et un ordre physique ; tout dépend de la manière dont on conçoit l'un et l'autre. L'ordre moral porte-t-il ce nom parce que les forces dont il se compose sont intellectuelles, que la loi et la connaissance de la loi y sont données en même temps, et que les résultats en sont des sentimens moraux et des jouissances morales ? L'autre est-il appelé ordre physique parce que les forces y sont matérielles, que les lois y sont suivies et observées sans connaissance de cause, et que les résultats en sont purement sensuels ? Dans ce cas, on admet à la vérité deux genres et deux séries de forces, de lois, de résultats, mais rien n'est encore gagné en fait de liberté. S'il existe deux ordres de forces de nature différente, qui obéissent à des lois différentes, mais qui produisent toutes deux des effets également nécessaires, et qui s'engrenant l'un dans l'autre forment un seul et même tout, le fatalisme est démontré. Dès lors, on ne saurait se refuser à ses conséquences théoriques et pratiques. Sans doute, dans ce système, même la vertu peut encore valoir mieux que le vice, comme la santé vaut mieux que la maladie; mais les mots de mérite et de culpabilité n'ont plus de sens.

La véritable liberté suppose une intelligence qui, indépendante de tous les autres êtres, hors de la sphère de son action et de la réaction qu'elle amène, puise en elle-même les vérités objectives d'après lesquelles elle agit.

Comme les idées qui déterminent notre liberté naissent en nous et ne nous viennent pas du dehors, on peut dire avec vérité que la liberté ne fait pas partie de la nature, et se donne des lois à elle-même.

Ce qui suffirait pour distinguer la liberté de toutes les autres forces, et pour prouver que la liberté n'est pas un simple résultat, mais une véritable force, c'est le sentiment et la notion du devoir. Dès que je dis *je dois*, je suis obligé d'ajouter *je peux*. Cette idée prise dans les profondeurs de l'ame, et cependant si simple, suffit pour admettre quelque chose de différent de la nécessité de la nature, et même pour tracer la ligne de démarcation entre la liberté et la nécessité. L'existence de l'une et de l'autre, l'existence de deux séries de causes et d'effets, sont deux faits qui nous sont donnés, et que nous sommes contraints de reconnaître.

Tout le monde moral tourne sur le pivot de la liberté et n'en connaît pas d'autre. Nous ne pouvons pas comprendre ce fait ni en avoir une notion distincte. Rien de plus vrai. Nous ne pouvons pas concilier ce fait avec la nécessité. Je l'accorde volontiers. Nous ne pouvons pas mettre ce fait en harmonie avec la prescience divine. Encore vrai. Mais tout cela infirme-t-il la certitude du fait? Si nous la nions n'y a-t-il pas une foule d'autres faits tous indubitables, et que cependant il nous faudrait également nier ?

Pour être raisonnable, et pour écouter la raison, on n'est pas encore libre. Dans le sens strict du mot, on ne cesse pas non plus d'être libre parce qu'on suit ses penchans ou ses passions. On est libre parce qu'on peut faire l'un et l'autre et qu'on le fait alternativement, avec la seule différence, que lorsque la raison règne on fait ce qu'on doit, et qu'on fait ce qu'on ne doit pas, quand on agit contre la raison.

L'admiration, le respect, la reconnaissance, l'estime, l'amour, sont des sentimens qui appartiennent à l'ordre moral, et qui supposent que cet ordre est essentiellement différent de l'ordre physique, et que c'est la liberté qui les distingue l'un de l'autre. On n'admire que des actions. Si l'on admire les ouvrages de l'art, c'est que ce sont des actions. Si l'on admire les ouvrages de la nature, c'est parce qu'on leur associe l'idée de l'intelligence, et qui dit intelligence, dit liberté. On a de l'estime et du respect pour les personnes, c'est-à-dire pour les êtres libres et intelligens dans leurs rapports avec leurs actions, et pour ces actions mêmes dans leurs rapports avec la liberté et la loi.

Dans le sens propre du mot, on n'a ni estime ni respect pour ce qui n'est qu'agréable ou utile. On n'éprouve ni l'un ni l'autre de ces sentimens pour un arbre qui porte de beaux et bons fruits, pour un animal, quelque admirable que soit sa structure, et quelque grands services qu'il rende; on ne les a pas même pour un homme de génie quelle que soit l'admiration que d'ailleurs il mérite et il inspire.

L'amour et la reconnaissance ne dépendent pas uniquement des qualités aimables des objets qui nous les font éprouver, ni du plaisir qu'ils nous procurent, ni des avantages que nous leur devons, mais des qualités morales des personnes qui nous attachent à elles par ces sentimens. Nous supposons qu'ils n'auraient pas ces qualités s'ils ne se les étaient pas données à eux-mêmes ; qu'ils ne nous auraient pas fait du bien, qu'ils n'auraient pas gagné notre cœur, si telle n'avait pas été leur volonté, et qu'ils ne se fussent pas proposé l'un et l'autre.

S'il existe une vérité absolue, il ne peut y avoir aussi qu'une beauté et une bonté absolues. Une vérité absolue est celle que l'on admet et que l'on croit en elle-même et pour elle-même, sans aucun rapport à d'autres vérités ou à d'autres principes qui seraient indépendans d'elle et placés au-dessus d'elle. Le beau absolu est ce qu'on admire en soi et pour soi, sans sortir de lui et sans le considérer sous des rapports quelconques d'utilité ou de plaisir. Le bon absolu est ce qu'on aime et ce qu'on veut, parce que c'est le bon, sans penser à ses suites, à ses conséquences, à ses avantages. De là il résulte déja que le vrai, le bon, le beau, supposent un être absolu, infini, qui est ce qu'il est, duquel tout émane, auquel tout aboutit, et dont le vrai, le beau, le bon, ne sont qu'un simple reflet.

. . . .

Ces trois sommités lumineuses sont autant de rayons du monde invisible, qui sont sortis de son sein et qui le manifestent et le révèlent; trois colonnes qui portent tout l'édifice des connaissances humaines.

Si le bon absolu existe, il doit être positif. Prétendre qu'il existe une loi formelle, immuable, et que toutefois relativement à la nature des actions, il n'y a rien de positif, de précis, de déterminé, c'est retirer d'une main ce qu'on a donné de l'autre, c'est détruire ce qu'on vient d'édifier. Il est très vrai que la pierre de touche des actions permises, ordonnées ou défendues, se trouve dans une question applicable à toutes, savoir: cette action permise, ordonnée ou défendue, peut-elle être érigée en loi universelle? Dans tous les cas compliqués et difficiles, partout où les intérêts et les passions élèvent la voix, ce caractère peut servir à distinguer et à juger nos actions; mais de là il ne s'ensuit pas que les actions soumises à cette pierre de touche, et qui sont en conséquence approuvées ou blâmées, n'aient pas d'objet fixe, déterminé, positif.

S'il en était ainsi, il n'y aurait proprement pas de morale, point de règle nécessaire et universelle des actions ; mais il faut distinguer ici soigneusement entre l'objet moral et l'objet matériel. Le premier est toujours le même, le second est variable. La loi de la justice ordonne à tous les hommes, partout et toujours, de respecter les droits et les propriétés des autres. Mais ni les droits, ni les propriétés ne sont les mêmes dans tous les temps et dans tous les lieux.

S'il n'existait pas des lois nécessaires et universelles pour la volonté de l'homme, s'il n'y avait point d'actions qui fussent commandées ou défendues d'une manière absolue et catégorique, toutes les actions seraient également bonnes, parce que, dans les circonstances données, elles seraient toujours ce qu'elles peuvent et doivent être. Il ne pourrait plus être question alors d'approuver les unes et de condamner les autres, mais il faudrait se contenter de les juger et de les expliquer par les lois de la psychologie.

La liberté et la loi se supposent réciproquement : l'une conduit à l'autre; elles s'éclairent et s'expliquent mutuellement. Quelle que soit celle de ces notions, ou plutôt de ces existences, que l'on prenne comme point de départ, on arrive toujours à l'autre, et l'on sent la nécessité de les admettre toutes deux, tant elles sont inséparables. Sans la liberté il ne peut pas y avoir de véritable loi morale dans le sens propre du mot, mais seulement une règle particulière à la nature humaine, que l'homme suit avec la même nécessité qui fait que la pierre obéit à la loi générale de la pesanteur, et que les élémens restent fidèles à leurs affinités électives. Sans la loi, il n'y a pas de liberté; car sans la loi la liberté ne serait qu'une force physique, et lors même qu'elle ne descendrait pas à ce point de sa hauteur, sans la loi nous n'aurions pas le sentiment de la liberté. Ce sentiment ne se manifeste à nous dans toute sa vivacité, que dans les circonstances où la liberté et la loi se combattent et se trouvent dans un véritable antagonisme.

Les motifs qui déterminent un homme

à agir d'une certaine manière, peuvent relever le mérite d'une action conforme à la règle, mais ils ne peuvent jamais justifier une action qui y serait contraire. Il y a plus, les motifs eux-mêmes ne peuvent être jugés que d'après une règle précise et fixe. Sans une mesure pareille, on ne pourrait pas les apprécier, ni distinguer les motifs nobles, purs, désintéressés, de ceux qui ne le sont pas. Des motifs de justice, de bienveillance, d'humanité, ne peuvent être jugés, reconnus, estimés comme tels, qu'autant que des principes immuables nous imposent ces vertus ; que leurs caractères sont strictement définis, et qu'une ligne de démarcation, nette, tranchante, invariable, sépare ce qui est juste, bienveillant, humain, de ce qui ne l'est pas. Quiconque nous accorde ces points essentiels, doit nous accorder également qu'il existe une morale positive, des devoirs absolus, un souverain bien. S'il en était autrement, on pourrait tout aussi peu parler de bons motifs que de bonnes actions.

Le mérite de la personne dépend de la nature des sentimens qui l'animent, des habitudes qu'elle a contractées, et des principes qui la dirigent. Le mérite de l'action consiste avant-tout dans sa légalité. Il n'y a pas de doute qu'elle ne soit un élément de ce mérite, et même dans un sens absolu; mais il s'en faut bien qu'elle soit sa condition unique. Les combats et les sacrifices que l'action exige ou impose, et le motif qui l'inspire, entrent pour beaucoup dans son estimation. Le mérite de la personne tient à l'état habituel de son esprit et de son cœur, et se compose de lumière, de chaleur et de force; le mérite de l'action dépend de sa légalité, de sa pureté, de sa difficulté même.

Il résulte de là qu'un homme peut avoir, et en effet a souvent plus de mérite que telle ou telle de ses actions, et que telle action isolée a quelquefois un mérite bien supérieur à celui de la personne qui l'a faite.

Si la vertu n'était que la conséquence nécessaire d'une certaine représentation; s'il n'y avait pas de différence entre cet effet et les effets d'autres représentations; si ces représentations ne se distinguaient pas essentiellement des sensations, les sensations des mouvemens, les mouvemens volontaires des mouvemens machinaux, il n'y aurait dans l'univers, et l'on n'y verrait autre chose, que le jeu toujours ancien et toujours nouveau d'une machine dans laquelle le mouvement de toutes les roues serait, sous le rapport des principes et sous celui des résultats, également nécessaire, quoique leur construction et leur forme fussent extrêmement variées et différentes.

Quand on parle de l'ordre moral, on confond sans cesse le mérite de la personne avec le mérite de l'action, l'action considérée en elle-même avec ses motifs, et ceux-ci avec ses suites. Plus souvent encore on confond la moralité avec la perfection : de ces méprises et de ces erreurs, naissent une foule de jugemens contradictoires, qui dans le fait paraissent pourtant plus opposés qu'ils ne le sont, et que par un examen plus approfondi on pourrait concilier l'un avec l'autre.

La moralité et la perfection sont deux choses tout-à-fait différentes : la moralité est un élément, et même le premier élément de la perfection ; mais elle n'épuise ni sa notion, ni sa nature.

Un homme parfait serait sûrement un être fort moral, mais l'homme le plus moral ne serait pas pour cela un homme parfait.

La perfection est une notion composée ; comparativement à elle la moralité est une idée simple. Dans la première se réunissent toutes les facultés physiques, intellectuelles et morales de l'homme. La perfection consiste dans leur développement harmonique : sans doute rien dans l'homme ne doit être en contradiction avec la moralité. Bien loin que les autres forces et facultés de l'homme dussent jamais exercer sur elle une prépondérance toujours dangereuse et souvent criminelle, toutes ces facultés et toutes ces forces trouvent uniquement dans la morale, non leur objet, mais leur mesure et leur règle.

La loi morale est seule absolue dans ce qu'elle demande, exige, ordonne, comme dans ce qu'elle interdit et défend. Tout le reste est relatif, conditionnel, sujet à mille modifications, et susceptible de toutes les formes.

Dans le sens strict du mot, on ne mérite jamais d'être heureux ; car non-seulement notre mérite est toujours fort imparfait, mais encore le mérite moral consiste précisément à ne pas penser en agissant à une récompense quelconque, à ne pas l'avoir en vue, mais à faire le bien par amour du bien même. Cependant Dieu récompense le mérite moral, et il doit le récompenser, non pour le payer, l'acheter, et inviter à le faire, mais à raison de ce qu'il est saint et de ce qu'il doit vouloir mettre le mérite et le bonheur en harmonie. Il est conforme aux principes, il est dans l'ordre des idées éternelles, d'établir cette harmonie. Cette harmonie n'est pas nécessaire pour celui qui doit recueillir ses fruits et ses heureux effets, mais pour l'être qui dispense le bonheur, et qui serait en contradiction avec lui-même, s'il ne l'accordait et ne l'assurait pas à l'homme vertueux. Ceci est fondé sur la nature éternelle des choses; et il est gravé profondément dans la conscience de l'homme, que quiconque fait le mal doit éprouver et souffrir du mal, et que quiconque fait le bien doit recevoir du bien.

. . . .

Le bonheur est un état, et non un sentiment; un état non passager, mais durable. Le bonheur dans les idées humaines, ou plutôt la notion de bonheur appliquée aux hommes, renferme sans doute toujours quelque chose de relatif. En même temps le bonheur a toujours en lui-même et par lui-même un caractère absolu. C'est dans ce sens que nous parlons du bonheur de la divinité, en qui tout ce qui est absolu se trouve réuni.

Comme tout ce qui est absolu, la vérité, la beauté, la bonté morale, ont entre elles des affinités électives, et sont ou doivent être mises en harmonie, la même chose doit avoir lieu pour la félicité, non dans ses rapports avec l'homme dans son existence actuelle, car elle n'y est jamais qu'une succession de plaisirs, mais considérée en elle-même comme un état permanent. La félicité doit aussi former un accord parfait avec le vrai, le bon et le beau.

Le principe fondamental de la philosophie Leibnitzienne, que rien n'arrive sans raison suffisante, prouve seul déja que Leibnitz croyait au fatalisme. Il y était contraint sous peine d'inconséquence. La liberté proprement dite ne saurait trouver sa place dans ce système ; la raison suffisante doit, de toute nécessité, produire un effet qui lui soit proportionné.

Relativement à la doctrine de la nécessité de l'univers, Leibnitz se distingue de Spinosa, mais il ne diffère de lui que pour asseoir cette nécessité sur des bases différentes, et pour l'appuyer d'autres argumens. Un Dieu-personne est le point d'appui et le point de départ de toute la philosophie de Leibnitz : de ce Dieu placé sur la sommité de l'univers, tout émane ; c'est encore à lui que tout retourne ; mais tout ce qu'il a prévu et voulu arrive nécessairement et ne pouvait pas ne pas arriver. Avant tout ce qui existe, existe une pensée infinie et parfaite : cette pensée détermine le but de toutes les existences, ce qui doit être le but universel. Ce but est nécessairement le but le plus excellent, le meilleur possible. Tout part de cette pensée, et marche à ce but avec une nécessité absolue. Dieu a tout prévu, tout enchaîné l'un à l'autre, les causes aux effets, les effets aux causes, les moyens aux buts, les fins subordonnées aux fins suprêmes. Dieu ne pouvait se représenter l'univers que tel qu'il existe; la volonté de Dieu ne pouvait pas vouloir un autre univers que celui qui était présent à son intelligence. L'action a suivi la volonté, comme la volonté a suivi la pensée, et ces trois ne font qu'un. L'univers n'est pas le produit de la création, si l'on entend par création un fait ou une action, qui aurait pu ne pas avoir lieu, qui ne serait pas éternelle, qui auroit eu un précédent. Mais l'univers est le produit de la création, en tant que l'univers suppose une intelligence. Cette action est identique à Dieu, et éternelle comme lui.

Dieu et l'univers sont différens l'un de

l'autre, mais on ne peut pas concevoir l'un sans l'autre, et l'on ne saurait admettre l'un sans l'autre. Dieu est la clé de l'univers; il est la condition de son existence. Mais cette proposition devient fausse du moment où on l'intervertit, et qu'on essaie de la retourner. L'univers dépend de Dieu, mais Dieu ne dépend pas de l'univers : il résulte clairement de tout ceci que Leibnitz était proprement fataliste, bien qu'il admît un Dieu-personne, l'existence du meilleur des mondes, et l'acte de la création.

Cependant il parlait de liberté, mais à quoi se réduisait-elle dans le système de l'harmonie préétablie? Dans ce système le corps et l'ame se développent sur deux lignes parallèles, mais d'une manière tout-à-fait opposée. D'un côté, une suite d'impressions, de mouvemens; de l'autre, une chaîne de pensées, de sentimens, de désirs, de volontés, d'actions : ces deux séries marchent parallèlement, mais sans se confondre, précisément comme coulaient ensemble Alphée et Aréthuse. Les représentations de l'ame sortent et s'élèvent de son intérieur, elles se développent d'elles-mêmes, sans influence extérieure, sans pouvoir intermédiaire; mais elles se développent nécessairement d'une manière et non d'une autre. La pensée naît sans qu'on sache comment; elle vient on ne sait d'où; elle amène avec elle le désir qui dépend toujours de la représentation d'un objet quelconque. Ce désir prend les traits de la crainte ou de l'espérance; et la volonté est toujours nécessairement déterminée par le désir. Dieu a organisé et ordonné ces deux êtres, le corps et l'ame, de manière qu'ils sont en harmonie l'un avec l'autre ; il les a réglés comme deux instrumens dont le jeu uniforme et toujours égal à lui-même repose sur leur parfaite correspondance. Les deux séries correspondantes du corps et de l'ame se développent de cette manière, et non d'une autre, parce qu'en vertu de son intelligence infinie Dieu a prévu que la chaîne des pensées et des volontés de l'ame se développerait dans une certaine direction, et qu'il a arrangé en conséquence toute la chaîne des mouvemens du corps. Le développement de l'ame qui détermine le développement du corps, ne suit pas telle ou telle marche, parce que Dieu l'a prévue ; mais Dieu l'a prévue, parce qu'en vertu de la nature des choses, cette marche ne pouvait pas être différente. Sans doute, on se demande, si l'ame humaine est libre, pourquoi fallait-il que ce développement prît nécessairement cette marche, et non une autre? Dans la série des représentations et des volontés de l'ame, quel est le point de départ? Ce point de départ est-il un résultat nécessaire de la nature de l'ame, ou un effet de la liberté, c'est-à-dire d'une force et d'une puissance qui agissent uniquement parce qu'elles veulent agir ainsi, sans aucune autre espèce de motif? Comme dans le système de Leibnitz rien n'arrive sans raison suffisante, on se demande quelle aura été la raison suffisante de la première action ou du premier fait? Cette première action ou ce premier fait une fois donné d'une manière ou d'une autre, toute la série des pensées et des volontés suit-elle nécessairement de cette première cause, ou bien l'ame a-t-elle le pouvoir d'interrompre cette série par de nouveaux faits et de nouvelles actions? N'a-t-elle pas ce pouvoir? On peut demander si la série des pensées, des sentimens, des volontés, est aussi nécessaire que les vibrations d'un pendule en mouvement. A-t-elle ce pouvoir, comment peut-on le concilier avec la raison suffisante, dont la force, quelque différente qu'elle soit des forces physiques, n'est pas moins invariable et nécessaire qu'elles dans ses effets?

On voit donc clairement que dans ce système la liberté signifie peu de chose, ou plutôt que la nécessité y domine. Preuve certaine que du moment où en fait d'existences et de vérités premières, on veut aller au-delà de ce qui nous est donné, soit pour le démontrer, soit pour l'expliquer, tout essai et toute tentative de ce genre réussissent mal, même au génie le plus métaphysique. La liberté nous est donnée d'une manière immédiate dans la conscience; la nécessité de la nature nous est donnée d'une manière médiate par l'entendement qui rapporte les effets aux causes. Il est au-dessus des forces humaines de lier la nécessité et la liberté, de manière à en faire un seul tout, ou même de les mettre en harmonie l'une avec l'autre. Aussi souvent qu'on l'entreprend, on court risque de nier l'un de ces deux faits, et par conséquent de tomber en contradiction avec soi-même.

L'INFINI.

DÉSIR, BESOIN DE L'INFINI.

TENDANCE A L'INFINI.

Sorti du sein de l'infini, l'homme a des affinités électives avec lui; affinités qui se manifestent dans la nature humaine de différentes manières. Ce pressentiment, ce désir, ce besoin de l'infini, sont tellement enracinés dans les profondeurs de l'ame, s'entrelacent, se mêlent, se confondent tellement avec toutes les affections et tous les sentimens de la nature humaine, qu'il y a toujours en eux quelque chose d'infini qui se trahit, s'annonce et nous indique en quelque sorte notre haute origine et notre haute destination.

La raison, non par des raisonnemens, mais par ses intuitions internes, nous annonce et nous signale le monde invisible, et nous force de croire à Dieu, à l'ame, à la liberté; mais elle ne lève pas entièrement le voile qui cache et couvre la nature de ces objets invisibles même à l'œil intérieur: la raison humaine est bornée dans sa puissance, comme dans ses effets et ses résultats.

L'entendement, même le plus étendu, le plus pénétrant, le plus profond, est encore bien plus borné, plus resserré dans son action. Relativement au nombre des objets qu'il peut saisir, il sent bientôt de la fatigue dans ses recherches, et reconnaît toute sa faiblesse. Relativement à la connaissance qu'il peut acquérir de ces objets, il est encore renfermé dans des limites plus étroites. Il ne comprend que ce qu'il crée lui-même, ou ce qui naît sous ses yeux.

L'ame seule, en tant qu'elle est le siège du sentiment moral, a quelque chose d'infini. Quiconque a de l'ame, non-seulement croit à l'existence de l'être infini, mais encore associe l'infini à tous les sentimens qu'il éprouve. Quiconque a de l'ame, dépose en quelque sorte, le sachant et le voulant, ou à son propre insu, l'infini dans toutes ses créations, l'aperçoit et le saisit sous toutes les formes finies; son principe dominant, la couronne de son être tout entier, c'est l'amour, l'amour qui infini par sa nature se manifeste dans d'innombrables effets.

Il faut prendre le mot d'amour dans sa signification la plus étendue, si l'on veut connaître et exprimer ce qu'il a de plus élevé, de plus profond, de plus illimité.

Tout ce que l'homme souhaite, cherche, poursuit, fait, procède de l'amour, à l'exception des jouissances physiques, et de ce qui se rapporte aux intérêts matériels.

L'amour est une tendance continuelle à s'unir toujours plus intimement à un objet avec lequel on a des affinités intellectuelles et morales.

L'amour suprême, qui en secret, caché, mêlé à d'autres élémens hétérogènes, se retrouve dans tout amour véritable, est l'amour de l'être infini, de la source de toute vérité, de toute beauté, de toute bonté, la religion.

Qu'il s'agisse de la nature, de l'art, de la vérité, de la vertu, de l'amitié, de l'amour proprement dit, on rencontre toujours dans les profondeurs de ces sentimens l'amour de l'infini et le besoin de s'unir à lui, comme la racine des plus belles plantes que le sol de l'ame puisse porter.

La nature dans son ensemble et sa totalité, est l'empreinté vivante de l'infini : il s'y révèle sous toutes les formes possibles. Le principe éternel de la force, du mouvement, de la vie, du sentiment, de la pensée, se retrouve partout à la fois à découvert et voilé, lumineux d'un côté, obscur de l'autre, ici dans un état d'enveloppement, là libre et développé. La pensée infinie se montre sous les traits les plus variés. Aucune forme n'est entièrement à son unisson, ni à son niveau, aucune forme ne reproduit l'infini dans toute sa perfection; mais il perce à travers toutes ces formes, et leur prête un charme tout particulier.

Ce n'est pas seulement dans les grandes créations de la nature, dans celles qui semblent braver l'action du temps, dans les profondeurs de l'Océan, sur le sommet rayonnant des montagnes primitives, dans la sainte obscurité des forêts, que souffle et se promène l'esprit de Dieu; mais il s'annonce aussi dans la vie paisible des plantes, dans la végétation sourde et secrète des mousses souterraines, dans la structure merveilleuse de l'animal le plus insignifiant. Perdus ou suspendus en quelque sorte entre l'infiniment grand et l'infiniment petit, nous sommes attirés avec force par l'un et par l'autre, et ils réveillent en nous des sensations et des sentimens que l'on ne saurait tous ramener à la beauté des formes, au jeu de la lumière et des couleurs, à l'utilité que nous retirons des différens êtres, au plaisir qu'ils nous donnent, à la reconnaissance qu'ils nous inspirent, mais qui dérivent d'une autre source, qui ont un autre principe : cette source, ce principe, c'est l'infini.

A toutes ces jouissances s'associe un pressentiment vague et mystérieux de l'infini qui vivifie tous les objets et s'empare de notre ame, un pressentiment qui dans la contemplation de la nature nous arrache et nous unit à tout le reste, et devient la source intarissable de nos plus belles actions.

De quelque point que nous partions, sur quelque point que nous nous trouvions, nous sommes toujours sur les bords de l'infini, nous y plongeons avec une joie vive, nous nous perdons dans cet océan avec un plaisir indicible, nous nous sentons à la fois attirés et repoussés par un frémissement et une frayeur secrète qui ne sont pas sans volupté; et quand nous sommes revenus à nous-mêmes avec tout le calme de la réflexion, nous souhaitons de reproduire cet état de ravissement, et déplorons qu'il soit éphémère.

Ce n'est pas ce que nous apercevons dans la nature d'une manière distincte, ce que nous y saisissons, contemplons et pouvons comprendre, qui nous transporte et nous exalte, non; c'est ce qui se dérobe à nos sens, mais qui se révèle aux yeux de l'entendement et de l'ame, ce que nous soupçonnons, pressentons dans un lointain illimité; c'est là ce qui donne au monde visible, pour les êtres d'élite de l'espèce humaine, ce charme ineffable, cet attrait toujours renaissant, qui les entraîne, les absorbe et les plonge dans un véritable ravissement.

De là les effets magiques du clair-obscur, de la distance, des objets qui s'annoncent dans la nature sous des traits inconnus, mystérieux, extraordinaires. C'est précisément ce que nous ne pouvons saisir sous des formes déterminées, et dont les contours nagent dans un demi-jour, qui exerce sur nous un pouvoir presque surnaturel, que l'on ne peut comparer avec aucun autre. Cette puissance secrète s'unit mystérieusement à tous les objets, les transporte et nous transporte avec eux dans le monde invisible, où tous les êtres finis ne sont autre chose que l'infini se manifestant sous les traits de la matière organisée et non organisée, et où l'esprit et le cœur se perdent dans des perspectives immenses.

Ainsi l'amour de l'infini et une tendance involontaire à nous unir avec lui, ont des affinités avec l'amour de la nature sensible, ou plutôt nous aimons la nature sensible parce qu'elle répond à ce penchant secret et irrésistible qui nous porte vers l'infini, et qu'elle le flatte, si elle ne le satisfait pas. Ce fait est avéré et indubitable. L'homme développé en a la conscience, sans pouvoir l'expliquer, mais il se trouve même dans les hommes grossiers à leur insu; et pour peu qu'on y fasse attention, on le surprend et le découvre chez eux. Un homme qui entre dans la profonde et sainte obscurité d'une de ces forêts primitives qui paraissent aussi anciennes que le monde, éprouve une frayeur secrète; quand son regard se perd dans les espaces immenses du ciel étoilé, il se sent à la fois abaissé, humilié et élevé au-dessus de lui-même; en présence des Alpes éternelles, au bruit de tonnerres des cataractes, sous l'action de leur chute rapide, il recule, il tremble, et en même temps il est puissamment attiré par ce grand spectacle; enfin il s'abîme avec attendrissement et avec joie, avec effroi et avec volupté dans les vagues de l'Océan. Il rend hommage, sans le savoir, à l'infini dans la nature. Dans son être où l'animalité domine, s'annoncent et se manifestent, à lui par des signes certains, sa haute origine et sa céleste destination; un nouveau monde s'ouvre devant lui, et les rayons qui en émanent tombent dans son ame.

Le même amour de l'infini se révèle aussi dans l'amour de l'art. Quelles que soient les formes que l'art adopte et emploie pour donner à l'infini de l'idéal une existence sensible, que ce soient des couleurs ou des corps solides, des sons ou des mots, il n'atteint jamais son but et ne s'empare avec force de notre ame qu'en dépassant les limites du monde sensible; et quand par la force créatrice du génie il nous fait, sinon saisir, du moins pressentir et espérer l'infini, quels que soit le genre de créations de l'art; que par l'harmonie des proportions et la symétrie des formes, il nous donne le sentiment de la beauté, ou que par la puissance des sons et des mots il nous présente l'image et l'idée d'une force sublime dans son immensité; toujours l'énergie, la vivacité, la durée des impressions qu'il fait sur nous dépendront de la manière dont il nous met en rapport avec l'infini, dont il réveille le sentiment dans l'ame, dont il étend et agrandit la pensée, en l'affranchissant de toute espèce de liens. Ce n'est pas par les objets que l'art présente aux sens qu'il agit le plus sur nous, mais sa plus grande puissance consiste dans la vie qu'il donne à l'imagination. Par les impressions qu'il fait sur les sens, il lui prête une force, un feu, un élan qui lui font parcourir et franchir avec une prodigieuse rapidité une carrière immense. Ce que l'art nous montre sous des traits prononcés peut nous plaire et même nous captiver ; mais ce qu'il nous cache, en l'indiquant, ce qu'il nous dérobe tout en nous le faisant apercevoir vaguement, ce qu'il nous laisse deviner, le mònde invisible qui se reflète dans le monde visible, l'infini que nous découvrons ou pressentons au-delà du ciel qui se révèle à nos sens : c'est là proprement ce qui assure à l'art cette puissance universelle et constante qu'il excerce sur les ames humaines, et qui est à l'épreuve de l'action des siècles, même dans les arts du dessin, dans ceux qui n'enfantent que des formes finies, et qui s'approchent d'autant plus de la perfection qu'ils donnent à leurs ouvrages plus de précision, des contours plus achevés, en un mot la plus haute individualité ; et même dans ces arts, dis-je, la magie qu'ils déploient tient à l'union mystérieuse du fini et de l'infini, aux secrets du monde intellectuel qui sont la clé du monde, des corps, et auxquels le dernier nous fraie le chemin.

Les arts qui, par la nature des signes qu'ils emploient, et des instrumens dont ils disposent, ont toujours quelque chose de vague et d'indéfini, transportent l'ame avec bien plus de force et de succès encore que les arts plastiques au-delà du monde fini dans un océan immense de pensées, de sentimens, de souvenirs et d'espérances. Cette prérogative et cette gloire n'appartiennent qu'à la poésie et à la musique. Tout en donnant, par des accords harmonieux et par des tableaux vivans, aux sentimens et aux passions le caractère et la couleur qui leur sont propres, elles s'élèvent plus haut, et expriment beaucoup moins de choses qu'elles n'en font deviner. Elles placent un objet dans un jour éclatant, et lui prêtent des formes déterminées, mais elles répandent en même temps un clair-obscur magique sur une foule d'autres objets qui ont des rapports plus ou moins intimes avec le premier. A côté des représentations distinctes qu'elles expriment avec netteté et avec précision, elles réveillent une masse de représentations confuses, qui agissent puissamment sur l'ame et l'imagination. C'est là que se trouve le secret du génie que peu d'hommes possèdent, que la plupart ne comprennent pas même. Il consiste à présenter à l'œil intérieur un objet, en lui donnant des contours déterminés, et des couleurs brillantes, et à produire dans le fond du tableau, comme par une baguette magique, une multitude d'images qui, plus ou moins éloignées de l'objet principal, contribuent toutes à monter l'ame sur un certain ton; et nous faisant passer d'un sentiment à un autre, de la joie à la mélancolie, et de la mélancolie à la joie, vont finalement se perdre dans l'infini.

C'est ainsi que dans l'amour de la nature et dans l'amour de l'art, s'annonce et se manifeste l'amour de l'infini, et avec lui cette tendance secrète du cœur humain à s'unir avec lui.

Il en est de même de l'amour de la vérité, de la vertu, de l'héroïsme. Tout amour noble et pur a sa racine dans l'être infini : ils trouvent tous leur source commune et leur principe de vie dans les affinités électives de l'ame humaine avec l'infini.

La vérité est éternelle, comme elle est une, car toutes les vérités ne sont que des rayons d'une seule et même lumière primitive, autant de gouttes d'une source éternelle. Elles sont liées si étroitement les unes aux autres, que par ce caractère seul elles manifestent et prouvent déja leur origine commune. La vérité, infinie et immuable comme Dieu, inspire aux ames d'élite un amour qui, pur et illimité comme son objet, tend sans cesse à former avec lui une union plus intime. Toute espèce de borne est odieuse à l'ame, et quand elle ne peut ni l'écarter, ni la reculer, elle s'élève au-dessus de ces limites par le vol de l'imagination. Bien supérieure à la sphère des sens et de l'entendement, elle envoie ses pressentimens en avant comme autant de gages et de signes précurseurs de l'infini, et elle éprouve une tristesse toute céleste, en faisant pour se rapprocher de lui des efforts impuissans et stériles.

L'amour de la perfection morale, qui emporte avec lui l'amour d'une liberté raisonnable et l'amour de l'humanité, se perd aussi dans l'amour de l'infini, ou plutôt dans une tendance secrète et continuelle vers l'être absolu, éternel, souverainement parfait.

Saisir la loi de Dieu, dans sa stricte nécessité, comme la loi universelle de toutes les intelligences, la convertir en loi d'amour, lui être attaché, uniquement par amour pour le législateur éternel; tel est l'idéal de l'espèce humaine, idéal infini que l'on ne pourrait réaliser qu'en lui restant fidèle dans tous les temps et dans tous les lieux, au milieu de tous les obstacles, de tous les sacrifices, de toutes les joies et de toutes les douleurs, sous toutes les formes possibles. Sous le rapport de son objet, comme sous celui de la force qu'il suppose, et des effets qu'il produit, notre vie tout entière doit être une approximation continuelle de ce but suprême. Mais il n'est pas donné à un être fini de l'atteindre entièrement, de se confondre avec lui, et d'arriver à une identité parfaite avec l'idéal. Nous en faisons tous les jours l'expérience sur nous-mêmes, nous avons tous la conscience de notre faiblesse à cet égard comme à tant d'autres. Il suffirait d'ailleurs pour s'en convaincre de rapprocher le fini de l'infini, ou plutôt de les comparer l'un avec l'autre par la pensée; mais quand les héros de la foi, de l'espérance, de la charité, s'oubliant eux-mêmes, se sacrifient pour leur patrie, ou pour l'humanité, pour le bonheur de la société tout entière, ou pour celui de tel ou tel individu, et s'imposent volontairement dans des vues désintéressées des privations et des douleurs de tout genre, et se placent par leur héroïsme sur les dernières limites de la grandeur humaine, la hauteur à laquelle ils s'élèvent ne donne pas la mesure de la force qu'ils recèlent, mais celle de la sphère terrestre qui leur est assignée; leurs idées et les nôtres dépassent de beaucoup cette ligne, et se créent à elles-mêmes un idéal de perfection, qu'elles transportent au-delà des mondes, et qui seul paraît assorti et approprié à la perfectibilité indéfinie de l'ame. Ce sentiment sublime se réveille en nous, aussi souvent que par des combats, des sacrifices, des victoires, nous nous surpassons nous-mêmes, ou que les autres nous surpassent, et que nous acquérons la conscience du contraste saillant de l'essence de notre être et de ses phénomènes, de notre force et de notre faiblesse.

Non-seulement l'amour que nous inspirent les grands et éternels intérêts de l'humanité, s'annonce au flambeau de l'examen, comme une tendance secrète vers l'infini; mais encore l'amour dans le sens propre du mot, et l'amitié elle-même, pour peu que ces deux sentimens aient un caractère pur, noble, élevé, portent et révèlent à un œil exercé cette empreinte toute divine.

Mais, objectera-t-on, comment est-il possible que deux êtres finis, resserrés dans d'étroites limites, éprouvent l'un pour l'autre un amour infini? C'est que, malgré leur finitude, tous deux ont quelque chose d'infini dans la profondeur de leur être, et qu'en vertu de ce caractère distinctif, ils peuvent s'élever ensemble dans une sphère plus haute. Ils développent, embellissent, enrichissent ce qu'ils sont dans un espace et un temps donné de tout ce qu'ils peuvent et doivent devenir, et de ce qu'ils deviendront en effet; ils s'ennoblissent, s'épurent l'un l'autre; se dégageant de la matière, ils se voient déja dans un jour céleste, et ils sentent en même temps le besoin de se pénétrer réciproquement d'enthousiasme, et de réunir leurs forces et leurs efforts pour prendre leur essor vers les sommités de la vie, d'où l'on embrasse un horizon immense. Dans les relations de ce genre, l'imagination doit vivifier le sentiment, la poésie de l'ame doit transporter l'existence dans un ordre de choses supérieur, et la sortir de l'ornière commune, ou bien c'en est fait de la dignité et de la gloire de l'homme.

Les réflexions suivantes mettront dans tout son jour ce que je viens de dire.

Les ouvrages de la nature, qui nous arrachent à nous-mêmes et nous font verser des larmes d'attendrissement ou de joie; les productions de l'art qui nous transportent d'admiration; les hommes qui par leur génie et leurs forces intellectuelles nous inspirent de l'enthousiasme; ceux qui par une sensibilité riche, profonde, bienveillante, nous commandent en quelque sorte l'amour, et qui ont des droits sacrés sur notre cœur; les femmes qui nous offrent l'idéal de leur sexe par les qualités de leur esprit et de leur caractère, dont les formes et les traits en portent l'empreinte, qui seules peuvent éprouver un amour spirituel, comme seules aussi elles savent l'inspirer : en un mot tous les objets qui nous ravissent et nous élèvent au-dessus de nous-mêmes ne sont pas dans le fait tels que nous les voyons, comme nous les sentons dans les heures de l'enthousiasme ; mais nous changeons en quelque sorte leur nature, nous les créons et les faisons en partie tels qu'ils se montrent à nous.

Mais cette puissance a des bornes. L'imagination la plus riche et la plus brillante, la sensibilité la plus profonde, l'esprit le plus ingénieux, ne peuvent pas faire des objets tout ce qu'ils veulent, ni jouer avec eux. On ne peut leur prêter à tous indifféremment des qualités de tout genre, qu'ils ne posséderaient pas même en partie, ou dont ils n'offriraient pas même le germe, et les environner de tous les charmes de ceux qui nous ravissent en effet, et qui exercent sur nous une espèce de magie.

Ainsi, pour que la chaleur de l'ame et le feu de l'imagination vivifient, embellissent, rehaussent les objets de notre amour, il faut que ces objets aient assez de richesse réelle, je dirais presque assez d'étoffe pour rendre ce travail possible, et qu'ils nous fournissent le fond sur lequel nous appliquons ce luxe de couleurs, et répandons toutes les richesses de notre palette. Si les objets de notre amour doivent à cet amour même une partie de leurs attraits, cependant cet amour n'est jamais créateur, et ne saurait rêver ce qui n'existerait absolument pas.

L'objet, toujours égal à lui-même, ne change pas de forme ni de traits, mais ceux qui le contemplent, et qui en reçoivent l'impression sont très différens les uns des autres. Ceux qui ont avec lui des affinités électives le trouvent admirable, et il leur inspire une sorte de ravissement. A ceux auxquels il est étranger, qui sont étrangers à lui et qui ne possèdent pas le secret de l'enrichir de leur propre richesse, il paraît indifférent, et il les laisse insensibles.

L'objet est un thême sur lequel on peut faire des variations diverses; les unes brillantes, les autres maigres et pauvres. L'accompagnement peut être aussi ou magnifique ou mesquin.

L'impression qu'un objet aimable fait

sur les ames qui ont avec lui des affinités secrètes, est comme un germe qui y est subitement jeté. La nature du sol qui le reçoit, celle de l'atmosphère qui l'environne, et les élémens dont il se compose, décident du sort et du développement de ce germe. Selon que le sol est plus ou moins fertile, et que l'atmosphère est plus ou moins imprégnée de principes vivifians, s'élève du sein de ce germe un arbre majestueux, plein de sève, et couvert à la fois de fleurs et de fruits, ou une plante faible et manquée.

Que possède donc dans le fait l'objet de notre amour et de notre admiration? Tout ce qui est nécessaire pour réveiller en nous le sentiment de l'infini, en nous donnant une espèce de pressentiment des richesses infinies qu'il recèle. Il fait notre bonheur et notre fortune par ce qu'il nous donne, mais nous faisons aussi la sienne, selon que nous sommes nous-mêmes, en fonds d'idées, de sentimens, d'imagination, ou que nous sommes à cet égard sans moyens et sans ressources.

Dans l'amour, les souvenirs, les vœux, les espérances, sont une belle et brillante enchâssure, ou un cortège éblouissant qui entoure la passion dominante; ou c'est un écho doux et tendre, mélancolique et voluptueux d'un sentiment qui n'existe plus. Qu'on enlève à l'amour ce fond de poésie sur lequel il repose, et l'on sera étonné de sa pâleur et de ses traits éteints. Sans doute ce ne sont là que des idées et des sentimens accessoires du sentiment principal, mais tous ensemble transportent l'ame dans l'infini. Les uns se rapportent au passé, les autres à l'avenir; les uns et les autres sont illimités, et tous deux prêtent au présent qui est toujours borné, un charme particulier.

Pourquoi tout idéal a-t-il toujours quelque chose de ravissant qui dispose à l'enthousiasme? Parce qu'on ne trouve et ne rencontre jamais l'idéal réalisé dans toute sa pureté et toute sa hauteur, parce que dans son existence éthérée, et sous ses formes aériennes, il n'est jamais resserré, comme le monde réel, dans des limites étroites et des contours prononcés, mais qu'il tend toujours à l'infini. Plus l'esprit, le cœur, l'imagination, prennent un essor idéal, plus aussi l'idéal s'unit dans l'ame à tous les objets de la nature et de l'art; et cette union mystérieuse de l'univers intellectuel avec l'univers sensible, du fini avec l'infini, est la source de nos plus pures et plus nobles jouissances. Alors la réalité nous offre assez de beauté et de grandeur pour faire sortir l'idéal des profondeurs de l'ame, et pour nous fournir l'occasion d'appliquer l'idéal à la réalité, et les fondre ensemble. Dans tous les genres, afin que l'art et la nature se montrent à nous dans tout leur éclat, il faut que ce qui appartient au monde invisible vienne s'ajouter aux formes sensibles et se confondre avec elles.

Tous les objets que la nature et l'art offrent à notre admiration et à notre amour, ne reçoivent de leur main que des contours, des formes, des traits et des proportions qui sont nécessaires pour donner à l'imagination et à la sensibilité du spectateur cet élan et cette chaleur d'enthousiasme qui le transportent du fini dans l'infini. Son ame seule communique à ces objets de l'ame et de l'expression un charme irrésistible qu'il est impossible d'exprimer et de caractériser dignement. Les objets de la nature et de l'art, les faits, les actions, les mots eux-mêmes, ne sont en quelque sorte que des vases précieux qui reçoivent et fixent la pensée et le sentiment, afin que ce qu'ils ont d'idéal ne se volatilise et ne s'évanouisse pas. Ce sont des formes qu'il faut soigneusement distinguer de l'idéal qu'elles recèlent, quoique par leur action réciproque elles s'embellissent et se fassent ressortir l'une l'autre.

On ne doit donc pas juger l'amour uniquement par l'objet qui l'excite et l'enflamme. L'amour en lui-même a un prix réel et un genre de perfection qui lui est propre; car il annonce et prouve la puissance d'aimer, et cette puissance est le plus beau don fait à l'ame humaine. L'amour enlève un être au cercle étroit de l'égoïsme, le rend étranger ou indifférent aux besoins et aux pensées qui ne se rapportent qu'à son misérable moi, pour aller se perdre et s'abîmer volontairement dans un autre objet différent de lui-même, mais avec lequel il a des affinités secrètes. Ce renoncement à soi-même, ce dévouement de la vie tout entière, cette disposition invincible à se confondre avec un autre être, ont indépendamment même de toutes les qualités de l'objet aimé, quelque chose de pur, d'élevé, de grand, qui inspire autant d'intérêt que d'admiration, quelque chose d'infini.

Quand l'objet d'un pareil amour ne

paraîtrait pas entièrement digne de lui, il faut supposer et admettre que malgré ses défauts et ses imperfections, il a cependant quelque chose de très aimable. On n'aime pas uniquement dans une personne ce qu'elle est, mais ce qu'elle peut devenir, ce qu'elle deviendra sous l'influence de l'amour et de circonstances heureuses; mais ce que par ses qualités mêmes, elle nous force en quelque sorte à lui prêter, par une espèce de fiction toute naturelle. Lors même qu'un objet nous paraît tout-à-fait digne de l'amour qu'il inspire, il faut encore se dire que cet objet perdrait quelque chose de la lumière magique qui l'environne, si l'on voulait le dépouiller de tous les charmes dont l'imagination et l'ame l'ont revêtu. En général, on peut affirmer qu'on n'aime jamais un objet indigne d'amour, tout en le reconnaissant comme tel; on le voit autre qu'il n'est, ou on le fait autre, sinon, l'amour serait impossible.

On n'aime donc jamais sans raison d'aimer : mais l'amour court facilement risque de se volatiliser, de s'évanouir, et de disparaître, du moment où l'on peut et veut alléguer et développer ces raisons, et où l'on en rend compte à soi-même et aux autres. Rien n'est plus opposé au sentiment, rien ne peut être moins concilié avec lui, que le sang-froid nécessaire pour saisir toutes les qualités d'un objet aimable, les distinguer les unes des autres et en faire l'énumération. Le sentiment, de sa nature toujours un peu confus, réunit volontiers, et fond facilement ensemble tous les détails dans une seule impression totale. L'esprit, au contraire, qui tend toujours à la clarté et à la précision, divise, sépare et apparie entre eux les élémens des masses. Si les qualités que l'on aime dans un objet quelconque permettaient que l'amant en fît une froide et sévère nomenclature, l'amour reposerait sur un calcul. Mais on aime toujours l'objet tout entier, l'objet dans son unité mystérieuse; on aime surtout ces personnes rares et extraordinaires dans lesquelles la nature, par une fusion admirable, a su réunir dans un seul tout des qualités différentes, souvent même entièrement opposées.

Il résulte de là que tout amour désintéressé, pur, qui tire son origine et sa force d'une imagination idéale et d'une ame profondément sensible, porte en soi quelque chose de vague et d'indéterminé, d'illimité et d'infini, et que sa nature et son essence même consistent dans une tendance secrète vers l'infini, dans un désir et un effort continuel de s'unir étroitement avec lui.

Au fond et dans le sens propre, nous n'aimons dans tous les objets qui nous paraissent beaux, intéressans, sublimes même, que l'être éternel, absolu, infini, souverainement parfait. Ils sont tous un faible reflet de la divinité. En eux respire et vit quelque chose de spirituel, de céleste, d'immortel. Ce caractère, et ce caractère seul, excite et nourrit notre admiration. Ils sont une réverbération de la lumière éternelle, un type visible du monde invisible, un signe sensible de ce qui se dérobe aux sens, l'infini qui se révèle à nous sous des formes finies.

La puissance d'aimer est dans la véritable image de Dieu, à laquelle nous avons été créés. Cette puissance d'aimer est susceptible d'un développement illimité, infini. Emanée de Dieu, elle ne peut trouver qu'en lui son repos, son entière satisfaction. C'est là sa destination suprême. L'amour a sa racine dans la foi et non dans la science. L'amour est la source de la piété, la piété elle-même. L'amour ne demande pas des preuves de l'existence de Dieu; il le trouve dans les profondeurs de l'ame, il ne le comprend pas, il sent partout sa présence. Son existence et ses perfections lui sont données dans une seule et même intuition intérieure.

. . . .

Emané de la foi, l'amour enfante l'espérance, et cette espérance est infinie. L'homme reconnaît toute sa grandeur quand il aime Dieu et tout ce qui a des affinités électives avec l'être éternel. Quelque étroites que soient les limites dans l'enceinte desquelles la vie terrestre, la science humaine, et toute l'activité de l'homme sont circonscrites, l'homme se sent tellement élevé au-dessus de ces limites, il a tellement la conscience de la force divine qui habite en lui, qu'il attribue à l'ame une existence et une durée non interrompues. Il ne saurait faire autrement. Un fait indubitable et invincible le force en quelque sorte de s'abandonner à cette espérance. Malgré les incertitudes et les bornes de sa science, malgré la faiblesse de sa volonté et l'imperfection de ses actions et de ses ouvrages, malgré le néant de ses vœux et de ses désirs, et la mesure de bonheur relatif qui lui est dévolue, l'homme aime l'absolu, le cherche sans relâche, y tend continuellement, et ce n'est que dans l'absolu qu'il croit pouvoir trouver la satisfaction de son cœur, et la perfection de son être tout entier. Ce besoin constant de l'ame, cette soif que rien ici-bas ne peut étancher, sont une empreinte céleste, le sceau de Dieu, les précurseurs de la haute destination de l'homme. Demande-t-on comment l'amour de l'infini a pu s'allier avec la poussière; comment l'idée de l'absolu a pu trouver le chemin du cœur de l'homme? Le temps ne répond pas à cette question et ne peut y répondre. L'éternité peut seule résoudre ce problème. Elle ne sera pas toujours muette, et de son sein sortira le mot de l'énigme.

FIN.

TABLE

DES MATIÈRES.

FIN DE LA TABLE DES MATIÈRES.

www.ingramcontent.com/pod-product-compliance
Ingram Content Group UK Ltd.
Pitfield, Milton Keynes, MK11 3LW, UK
UKHW012018240726
13965UKWH00002B/441

9 782012 956186